プロローグ

人生に喩《たと》えられることも多いが、日本史をひも解くと、道つまり街道を舞台に歴史が生まれていることに気付く。どの道を選ぶかが、まさに歴史の分岐点となることも少なくない。

国に向かうため軍勢を率いて西国街道を進むはずの明智光秀が途中で道を変え、織田信長のいる京都・本能寺への道を突き進んで歴史が大きく変わったことなどは、そのシンボルのような事件だった。天正十年（一五八二）に起きた本能寺の変である。

街道はそんな歴史のドラマを生んだだけではない。逆に歴史が街道を生み出したこともあった。江戸幕府が誕生したことで、将軍のお膝元である江戸と各地を結ぶ街道が整備されたが、なかでも主要な五つの街道は五街道と定められ、街道の代名詞になる。日本橋を起点とする東海道、中山道、日光道中（街道）、奥州道中（街道）、甲州道中（街道）の五つである。

全国各地を走る街道を利用する目的は様々だった。

鎌倉街道のように武士たちに軍用道路として利用されることもあれば、江戸時代の大名が義務付けられた参勤交代の時のように、公用のため利用されることもあった。物資を輸送するため、あるいは寺社への参詣など余暇を楽しむためにも利用された。各目的専用の街道というわけではなく、公私にかかわらず様々な目的を果たすため兼用された。

街道は軍事的、政治的に利用されただけでなく、人々の経済・文化活動を支える道としても、日本の歴史をみつめてきた。言葉を発することはないが、歴史の証言者でもあった。

よって、街道の歴史をさかのぼることで、政権交代史にとどまらない日本史が浮かび上がってくる。政権所在地であった京都や鎌倉、そして江戸からは見えてこない歴史が露わになる。

本書はそんな問題意識のもと、日本列島を走る街道を十五のテーマで取り上げ、各地域の歴史を読み解くことで、学校では教えられることがなかった日本史の意外な事実を明らかにするものである。

本書執筆にあたっては、前著『賊軍の将・家康』に続いて日経ＢＰの網野一憲氏のお世話になりました。末尾ながら、深く感謝いたします。

二〇二三年十一月

安藤優一郎

目次

15 武士の旅日記に国内の主要街道はどう書かれていたのか 237

1

松尾芭蕉は奥州街道で見た名所旧跡に何を思ったのか

歌川広重「日本三景 陸奥 松島」　提供：アフロ

奥州街道

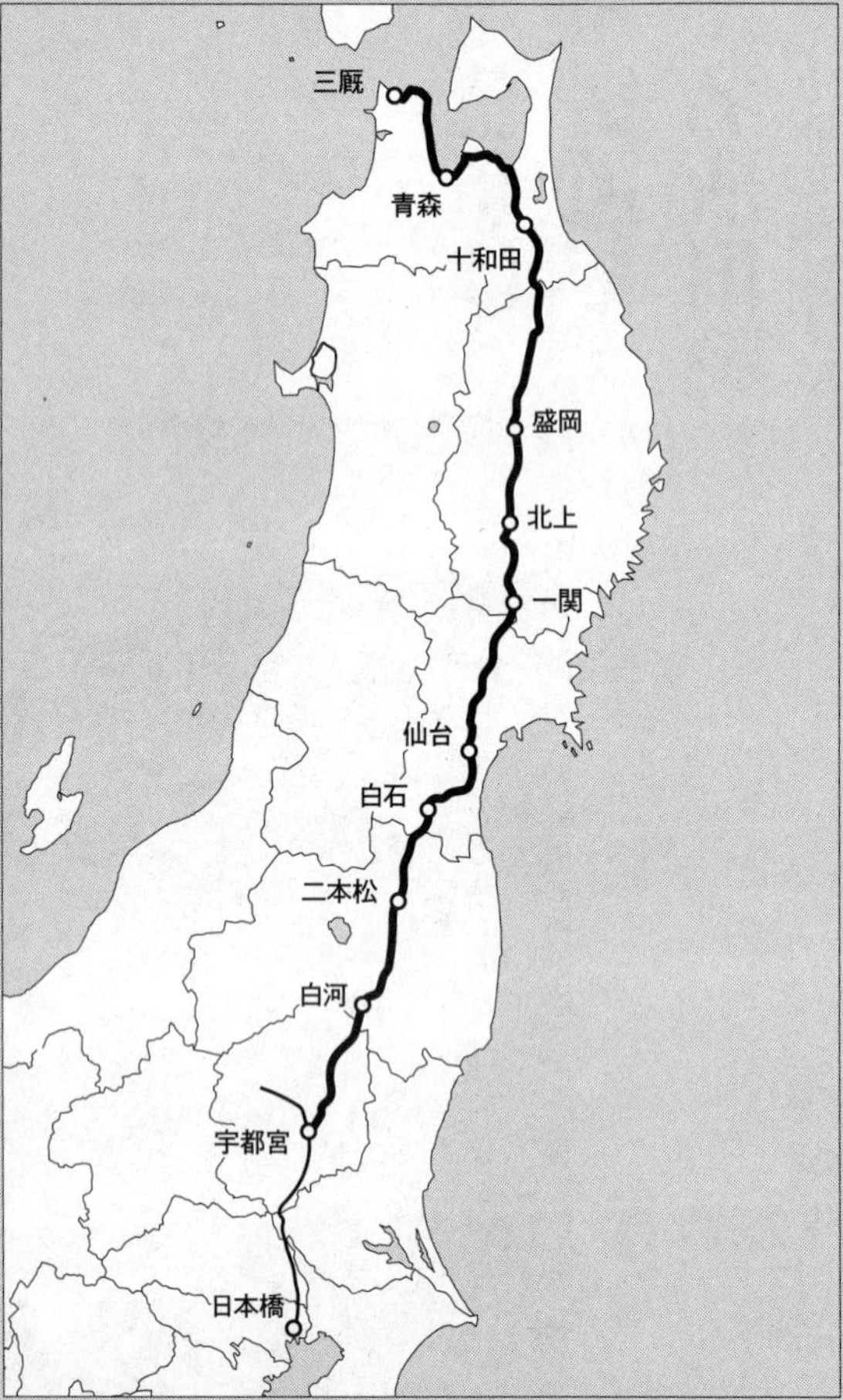

奥州街道は宇都宮で日光街道と分岐し、東北を縦貫する日本最長の幹線道路

■紀行文のスタイルを取った文学作品『奥の細道』

俳聖松尾芭蕉の随筆『奥の細道』は街道をゆく紀行文の代表格とされる。

五代将軍徳川綱吉の時代にあたる元禄二年（一六八九）三月二十七日に、江戸深川の芭蕉庵を出立した芭蕉は、日光街道そして奥州街道を北に進んだ。陸奥《むつ》白河《しらかわ》の関を越えると、そのまま奥州各地をめぐった。日本海に出て北陸各地をめぐった後は、越《えち》前《ぜん》敦賀経由で美濃《みの》大垣まで来たところで筆を置いた。各地の名所旧跡で句を作りながらの旅であった。

『奥の細道』は芭蕉の名を不朽なものとした名作だが、事実に即した記述とは言い切れない。現在では、紀行文のスタイルを取った文学作品であることが明らかになっている。

芭蕉が実際に歩いたとおりに記述は進むものの、細かく見ていくと、随所にフィクションが交じっていた。芭蕉としては『奥の細道』を単なる旅の記録ではなく、文学作品として後世に残したい意図があり、その死まで筆を入れ続ける。完成度を高めようとしていた。

『奥の細道』執筆の旅には門人の河合曾良《そら》が御供したが、曾良も旅の記録（『曾良旅日記』）を残していた。毎日の天候と出立時刻、出会った人の名前、歩行距離などを丹念に書き残したため、『奥の細道』の記述と突き合わせれば、どこまでが創作かもわかるのである。

『奥の細道』を通して、五街道のひとつ奥州街道で芭蕉が見た名所旧跡への感想を読み解いていく。

ロ人生の終わりを意識しつつ奥州へ

正保元年（一六四四）、芭蕉は伊勢の津藩主藤堂家の領国伊賀上野で生まれた。十代後半の頃、芭蕉は同家の侍大将藤堂新七郎に仕えたが、嗣子の良忠は俳人北村季吟《きぎん》に師事しており、芭蕉とは俳諧仲間であった。

しかし、寛文六年（一六六六）に良忠が死去したことを受け、藤堂家を去る。芭蕉二十三歳の時だった。

藤堂家を去った後の動静はよくわからないが、句作活動は続けている。その後、江戸に出た芭蕉は句作の傍ら、神田上水の工事などにも携わったが、延宝八年（一六八

○）には深川に居を定めた。世に言う深川の芭蕉庵である。江戸を拠点に句作に邁進した芭蕉だが、その一方、各地への旅を通じて「蕉風」と称された俳風を確立させる。俳句が織り込まれた代表的な紀行文としては『野ざらし紀行』『笈《おい》の小文《こぶみ》』などが挙げられる。

貞享四年（一六八七）には、軍神を祀る神社として武士の信仰が厚かった鹿島神宮に参詣した。芭蕉の代表作のひとつ『鹿島紀行』はその時の紀行文だった。前年には、蕉風開眼の句として知られる「古池や蛙《かわず》とびこむ水の音」を作っている。

元禄二年（一六八九）三月二十七日、四十六歳になっていた芭蕉は芭蕉庵を人に譲り、門人の曾良を伴って東北・北陸への旅に出発した。約五カ月にも及んだ『奥の細道』のはじまりである。

芭蕉より五歳年下の曾良は信濃《しなの》上諏訪で生まれた。伯母の縁を頼って伊勢長島藩に仕官したが、その時の名は河合惣五郎といった。十年余りを長島藩士として過ごした後、藩を去る。江戸に出た曾良は吉川惟足《これたり》に神道を学んだが、やがて芭蕉の門下となり、芭蕉庵近くの深川五間堀に住んで身辺の世話をするようになる。貞享四年に芭蕉が鹿島神宮を参詣した折には御供しているが、関西方面や信濃更級《さらしな》を旅した時は芭蕉庵の留守を預かった。蕉門十哲の一人でもあった。

芭蕉が『奥の細道』の舞台となる東北・北陸方面の旅に出た理由だが、歌枕の地をめぐりながら自身の俳諧を極めたい思いが指摘されている。芭蕉は既に四十代後半に入っており、人生の終わりを意識せざるを得なかった。芭蕉がこの世を去ったのは、それから五年後の元禄七年（一六九四）のことだった。

ちょうど元禄二年は、深く傾倒する西行《さいぎょう》の五百年忌にもあたった。よって、その足取りを追って奥州などに赴き、歌枕を実見してその歌心を追体験したい思いもあったのではという指摘もある。

平安末期の歌人西行は旅の体験を通して歌を詠んだことで知られ、三十代前後には奥州に赴いて歌枕の数々を訪ねた。歌枕とは古歌に詠まれた諸国の名所を指すが、芭蕉はそんな西行の生き方に憧れていた。

◘未整備だった当時の奥州街道

奥州街道は幕府によって五街道のひとつと定められたが、同じ五街道の日光街道とは途中まで一緒の道を進んだ。下野《しもつけ》の宇都宮宿まで道を共有したが、宇都宮で分岐する。奥州街道はそのまま陸奥の白河に向かい、日光街道は日光へ向かった。

幕府が奥州街道と公認したのは、宇都宮宿の先でいえば陸奥の白河宿までだった。白河宿以北の街道は奥《おく》街道、仙台道中、松前道などと呼ばれ、奥州街道とは区別されたが、時代が下るにつれて、津軽半島の陸奥三廐《みんまや》までを奥州街道と称するようになる。

奥州街道のうち通行量が多かったのは、出羽国《でわのくに》を縦断してくる羽州《うしゅう》街道が合流する陸奥の桑折《こおり》宿以南であった。とりわけ盛岡以北の通行量は少なかったが、江戸中期以降になると、蝦夷《えぞち》地警備のため江戸と松前の間を往来する武士の数が大幅に増える。また旅行ブームを背景に、芭蕉も訪れた松島、平泉、あるいは出羽三山といった観光地に参詣する庶民も増えていく。奥州街道の通行量は増加の一途をたどった。

しかし、芭蕉が旅した頃の奥州街道はまだその段階ではない。参勤交代の大名、幕命や藩命を受けた武士、そして商人の姿ぐらいしかなかった。観光客の姿もほとんどみられない。冬場になると、雪のため通行できなくなる恐れもあった。

通行量が少なかった以上、他の五街道に比べると街道の整備は進んでいなかっただろう。旅籠《はたご》屋をはじめとする宿場の設備もあまり整っていなかったはずだ。旅籠屋にしても専業というわけにはいかず、他の仕事との兼業だった。

要するに、芭蕉が訪れた頃の奥州街道は、後年に比べると、旅行する環境はあまり良くなかったといわざるを得ない。芭蕉にとり、奥州への旅とは相当の覚悟を秘めたものだったのである。

ロ白河の関を越える

三月二十七日に江戸を出立した芭蕉は曾良とともに奥州（日光）街道を北に進んだが、街道をそのまま進んだのではなかった。道をそれたり、長逗留する場合もあった。例えば、下野の黒羽《くろばね》には四月三日から十五日まで滞在している。

白河の関に着いたのは四月二十日のことである。白河の関は奥州三古関のひとつで、実際に関所として機能したのは奈良時代から平安時代にかけてとされる。人や物資の往来を取り締まったが、平安末期にはその機能を失ってしまう。

しかし、歌枕として注目されるようになったことで、はるばる白河の関を訪れる文化人が登場してくる。芭蕉が傾倒する西行はその一人であった。芭蕉も西行に倣ったわけだが、この頃には関所とは名ばかりで、番所さえもなかった。歌枕の地として記憶されるだけだった。

芭蕉は『奥の細道』に「白河の関にかかりて旅心定まりぬ」と書いている。奥州への入り口だった白河の関に着いたことで、いよいよ奥州の旅がはじまるという実感を得た様子がうかがえる。

ただし、西行が見た白河の関ではなかった。西行が訪れた後、関所は移転したからである。元の関所は白河の古関と呼ばれたが、歌枕となったのはこの古関の方であり、芭蕉は古関跡も訪れている。

五月二日には羽州街道が合流する桑折宿手前の医王寺を訪れ、源義経の家臣佐藤継信・忠信兄弟の墓所に詣でている。義経に強いシンパシーを感じる芭蕉は義経に忠節を尽くした佐藤兄弟の生き様に大きな感銘を受けていた。兄弟の妻の墓所の前では、感動の余り涙を流したほどだった。

□仙台城と多賀城跡を見る

五月四日、芭蕉は仙台藩領に入った。藩主は東北一の大名伊達家である。

仙台藩領に入る際には関所である大木戸を通過したが、仙台藩は他国者《よそもの》の出入りに厳しい藩として知られていた。芭蕉も仙台藩領を出る時に尿前《しとまえ》の関で厳しいチェックを受けてしまい、なかなか通過できなかった。

同六日には仙台城を見物している。藩祖伊達政宗が仙台に城を築きはじめたのは関ヶ原合戦の翌年にあたる慶長六年(一六〇一)のことであり、この年をもって「仙台開府」と称される。

だが、そのはるか以前より仙台界隈は東北の中心だった。現在の仙台市に隣接する多賀城市には奈良時代にあたる神亀元年(七二四)に多賀城が置かれ、朝廷が東北支配の拠点としていた。多賀城には陸奥の支配にあたる国府のほか、朝廷の支配に服さない者たちを鎮めるための軍事本部・鎮守府も置かれた。

松島丘陵に築かれた多賀城の総面積は七十四ヘクタールで、城の外側は主に築垣で囲まれていた。外囲いの塀の各所には櫓《やぐら》も設けられ、東北支配における行政・軍事の本営として君臨した。

だが、平安末期に入って朝廷の力が衰えると、多賀城は歴史の表舞台から消える。やがて、建物も消えた。芭蕉が見たのはその跡地だった。

『奥の細道』には仙台城や多賀城跡に関する記述はないが、『曾良旅日記』を読むと、芭蕉と曾良が仙台城も多賀城跡も見学していたことがわかる。この時、仙台城は築城から百年も経過していなかった城だが、多賀城は跡形もないとはいえ、奈良・平安時代に東北で威容を誇った城だった。古代のロマンやノスタルジーを強く感じさせる歌枕なのであり、さぞかし歌心をそそられたことだろう。深く傾倒する西行が生きた時代に存在した城でもあった。

◘塩釜神社参詣

多賀城跡近くには、東北鎮護・海上守護の陸奥国一の宮として東北の人々から厚く崇敬された塩釜《しおがま》神社（鹽竈《しおがま》神社）が鎮座した。東北支配の拠点・多賀城に詰めた陸奥の国司は塩釜神社を厚く崇敬することで人心の掌握を目指した。そうした事情は仙台藩にしても同じだった。

政宗以降の歴代藩主は塩釜神社への厚い信仰心を様々な形で示したが、藩主みずから大神主を務めたことなどはその象徴である。藩主があたかも宮司の立場となることは他に例をみないが、伊達家は大神主として社殿の建立や修復にたいへん力を入れた。そうした姿勢は財政難の時も変わらなかった。

五月八日、芭蕉は塩釜神社に参詣した。『奥の細道』では、宮の柱は太く、彩色の垂木はきらびやかで、石段は高いと建物の素晴らしさを称賛する。まさに、政宗たち歴代藩主による再興の賜物であった。

神前には古い灯籠が立っていた。その鉄の扉の表面には文治三年（一一八七）に藤《ふじ》原忠衡《わらのただひら》が寄進したと刻まれていた。これを見た芭蕉は、二十三歳で早世した忠衡の五百年前の姿が偲ばれ、追慕の心が止み難いと述べている。

忠衡は義経を保護した奥州藤原氏の三代目当主藤原秀衡《ひでひら》の三男だが、父の遺命に従って義経に同心したため、兄の泰衡《やすひら》に討たれた人物である。義経びいきの芭蕉としては、佐藤継信・忠信兄弟と同じく、その生き様には強い感銘を受けていた。そんな心情が滲み出ている記述だった。

神社が鎮座する塩竈は門前町であるだけでなく、港町としての顔も持っていた。塩竈港には古くから諸国からの船が出入りし、たいへん活気があった。江戸時代に入ると、仙台藩から遊女屋の営業が公認されたことで、賑わいがさらに増す。

塩釜神社を参詣する前日、芭蕉は塩竈に泊まっている。その夜は盲目の琵琶《びわ》法師による浄瑠璃を襖《ふすま》越しに聞きながら、様々な思いに浸った。

■松島湾を遊覧

五月九日、芭蕉は塩竈から船に乗って日本三景のひとつ松島に向かった。松島湾には塩竈から船に乗っていくのが定番の観光コースであった。

松島の絶景を前にした芭蕉が喩える言葉を失い、「松島や　ああ松島や　松島や」と絶句したという俗説があるが、事実ではない。別の人物が詠んだ俳句が芭蕉の句と誤伝されたに過ぎない。

松島湾に浮かぶ島を船で見物しながら、芭蕉と曾良は雄島に上陸した。『奥の細道』では正午近くに塩竈から船に乗ったとあるが、『曾良旅日記』では島めぐりを終えて松島に到着したのが正午だったという。

芭蕉は松島の絶景を賛美しているが、『奥の細道』には詠んだ句を載せていない。代わりに、曾良が詠んだ句を載せている。松島で詠んだ句はあったものの、敢えて載せなかったのだ。その理由はよくわからないが、文学作品としての完成度を高めるためだったのだろう。

松島湾を見物した日の夜、芭蕉は興奮して眠れなかった。江戸を出る時に友人たちが餞別に送ってくれた和歌や詩、俳句を見ながら眠りに就いている。

翌十日、芭蕉は諸国の廻船が頻繁に出入りして賑わった石巻港を見物した後、一関を経由して奥州藤原氏の本拠地だった平泉へ向かった。

ロ源義経と奥州藤原氏を偲ぶ

平安時代末期、東北では奥州藤原氏が平泉を中心に三代にわたって栄えた。藤原清《きよ》衡《ひら》・基《もと》衡《ひら》、秀衡の、世にいう奥州藤原三代である。

初代清衡の時代、奥州藤原氏は現在の岩手県江刺から平泉に本拠を移す。水陸交通の要衝であったこと、北上川東岸地域に大穀倉地帯が広がっていたことが背景として指摘されている。

平泉を本拠地とした清衡は中尊寺を建立した。金色堂をはじめとする堂舎の整備を進めたが、それを可能にしたのが豊かな財力だった。奥州藤原氏は莫大な金《きん》の産出に加え、当時は蝦夷地と呼ばれた北奥地域との活発な交易により、巨利を得ていた。その財力をもって、東北の地で君臨したのである。

時は三代秀衡の時代、国内を二分した源平の争乱は源氏の勝利に終わるが、その勝利に大きく貢献した義経は兄頼朝と対立する。秀衡は頼朝に追われる身となった義経を庇護したため、頼朝との対決は時間の問題だった。

しかし、文治三年（一一八七）に秀衡が死去すると、跡を継いだ子の泰衡は父の遺命に背き、義経を討つことで頼朝からの攻撃を避けようとした。翌四年、義経を自害に追い込み、五年には義経に同心していた忠衡を討ったが、結局は頼朝の奥州征伐を受ける。泰衡は敗走の途中、家臣に殺害され、ここに奥州藤原氏は滅んだ。

その後、平泉は衰退する。中尊寺も、金色堂ぐらいしか当時は残っていなかった。

芭蕉が平泉に着いたのは五月十三日のことである。

栄華を極めた奥州藤原三代の面影はなく、秀衡の館があった場所は田野となっていた。義経の居館が置かれた高館《たかだち》は北上川に面する丘陵だったが、芭蕉は高館にのぼって南から流れてくる北上川を見下ろしている。

義経に仕えた忠義の者たちは高館に立て籠もり、戦場の露と消えた。その後、奥州藤原氏も滅亡し、すべては夏草の中に埋もれ果てた。

「国破れて山河あり、城春にして草木深し」。杜甫《とほ》の詩を念頭に置きながら、芭蕉は深い感慨に浸る。義経や奥州藤原氏を偲んで、長いこと涙を流し続けたという。そして、次の一句を詠んだ。

夏草や兵《つわもの》どもが夢の跡

続けて、中尊寺の金色堂も訪れている。そこで詠んだのが「五月雨の降り残してや光堂」という句である。二句とも『奥の細道』に収録されている。

その後、芭蕉と曾良は一関に引き返した。かつて政宗の居城があった岩手山（岩出山）を経由して仙台藩の尿前関所を通過し、出羽に入っている。その後、日本海へと向かうのであった（金森敦子『芭蕉はどんな旅をしたのか――「奥の細道」の経済・関所・景観』晶文社）。

2

日光街道は四つあった

東洲勝月「古観 東錦 将軍家 日光御社参之図」　提供：アフロ

日光街道

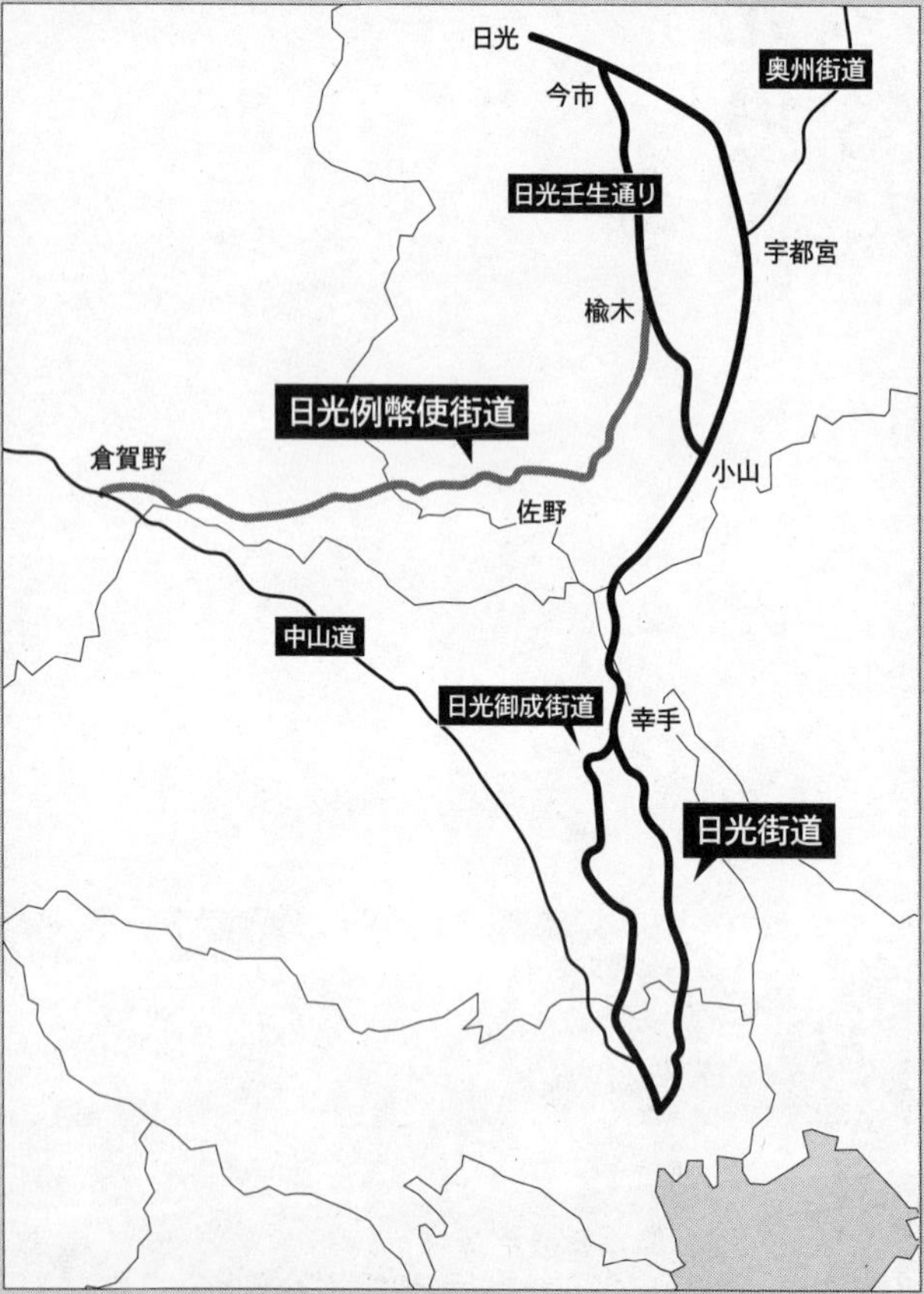

日光街道と日光例幣使街道

□日光社参という一大イベント

日本橋を起点とする五街道のなかでも、日光街道は日光東照宮への参詣道として江戸幕府から非常に重視された。神君と称された幕府の創始者徳川家康の墓所が東照宮にあったからである。

歴代将軍が日光の家康墓所に参詣することは日光社参と呼ばれ、諸大名も参詣が義務付けられた。将軍の行列と諸大名の行列が合体することで、日光に向かう行列は大行列に膨れ上がる。幕府は日光社参を通じて将軍の権威をアピールすることにより、権力基盤の強化を目論んだ。

日光街道は江戸と日光を結ぶ街道だが、同じ五街道の奥州街道と途中まで一緒の道を進んだ。下野国《しもつけのくに》宇都宮までは道を共有したが、宇都宮で分岐する。奥州街道はそのまま陸奥国《むつのくに》の白河に向かい、日光街道は日光へ向かった。

日光の名称が付いた街道は日光街道のほか、三つあった。日光御《お》成《なり》街道、日光街道壬生《みぶ》通り、日光例幣使《れいへいし》街道の三つだが、日光街道に比べるとあまり知られていないだろう。

日光社参の際には日光街道が使われたと思われがちだが、実際は違う。江戸を起点とする日光街道は最初の宿場千住宿を過ぎると、草加・越谷・粕壁《かすかべ》・杉戸・幸手《さって》宿と続くが、将軍が日光街道を使ったのは幸手宿からである。それまでは日光御成街道を進んだが、同街道は江戸日本橋が起点ではなかった。そのため、御成街道に入るまでは中山道を進んでいる。

日光街道壬生通りや日光例幣使街道にしても、江戸が起点ではない。日光街道壬生通りは日光社参で使われたこともあったが、日光例幣使街道は朝廷から東照宮に派遣された勅使（例幣使）が進んだ街道であり、社参の折に将軍が通行した参詣道ではない。四つの日光街道の使い道はそれぞれ異なったが、将軍の権威をアピールする役割を担った点では共通していた。

日光東照宮に注目することで、四つの日光街道それぞれの役割を考える。

■日光東照宮の建立

元和二年（一六一六）四月十七日、日光東照宮の祭神となる家康は駿府城で波乱の生涯を終える。享年七十五だった。

その遺言により、遺骸は久能山《くのうざん》にいったん埋葬されたが、翌三年（一六一七）には家康を祀る東照社が建立された日光山に改葬される。日光への改葬も家康の遺言に従った対応であった。家康が葬られた日光山は古来、日光権現を仰ぐ山岳信仰の霊場として知られたが、家康が改葬されたことで徳川家の聖地としての顔も持つ。後に、孫の三代将軍家光も葬られた。

同年二月、朝廷は家康に「東照大権現」という神号を与えたため、「東照神君」と称されるようになる。この神号に因み、東照社と名付けられた。

東照社を管轄したのは天台宗に属する日光山輪王寺《りんのうじ》だが、そのトップの貫主は皇族つまり宮様だった。出家した親王である法親王が住職として迎えられたのである。承応三年（一六五四）、後水尾上皇の第三皇子守澄法親王《しゅちょうほっしんのう》が第五十五世日光山貫主の座に就いたが、実は寛永寺の貫主も兼ねていた。

天台宗の僧侶天海を厚く信頼した家光は、その願いを容れて上野台地（現在の上野公園）に寛永寺を創建する。天台宗の開祖最澄は京の鬼門（北東の方角）に比叡山延暦寺を創建して京都を鎮護する役割を担わせたが、天海はその顰《ひそ》みに倣い、江戸城の鬼門にあたる上野台地に寺院の建立を願い、認められたのである。

山号は東の比叡山ということで東叡山と名付けられ、寺号は創建時の元号が寛永であることから寛永寺と命名された。延暦寺創建時の元号が延暦であったことに倣った。

延暦寺をモデルに創建された寛永寺は芝の増上寺とともに将軍の菩提寺となったため、歴代将軍の霊廟も置かれた。日光山と同じく徳川家の聖地となるが、その貫主を法親王に兼任させることで、輪王寺そして寛永寺の寺格は著しく高まる。

明暦元年（一六五五）十月、日光山輪王寺と寛永寺の貫主を兼ねた守澄法親王は天台宗の総本山たる延暦寺の住職（天台座主《ざす》）に任ぜられた。翌十一月には輪王寺宮の称号を与えられる。以後、両寺の貫主は輪王寺宮門跡と称されたが、普段は寛永寺の本坊にいた。その跡地には現在、東京国立博物館が建っている。

家康を日光に改葬した際、二代将軍秀忠により東照社が造営されたが、面目を一新するのは三代家光の時である。寛永十一年（一六三四）に、家光は総工費五十六万八千両をかけて社殿の大改築を開始した。同十三年（一六三六）、壮麗な社殿が完成する。

正保二年（一六四五）、東照社に宮号が下賜されて、東照宮と呼ばれるようになる。ここに、日光東照宮が誕生する。

以後、日光には一般庶民まで参詣した。併せて、日光街道の整備が進む。現存する杉並木も植樹された。

ロ八泊九日、日光社参のルート

家康の祥月命日にあたる毎年四月十七日に、東照宮では例祭が執行された。例祭には日光社参と称し、将軍みずから参詣することもあった。

日光社参の嚆矢《こうし》は、家康の遺骸が日光に改葬された元和三年のことである。以後、十二代将軍家慶による最後の社参まで都合十九回に及んだが、その大半は家光の時代だった。家康以外の将軍がすべて日光社参を行ったのではなく、二代秀忠、三代家光、四代家綱、八代吉宗、十代家治、十二代家慶だけが日光に参詣した。

日光社参のルートを追ってみる。

既に述べたとおり、江戸城を出立した将軍の行列は当初日光街道を通っていない。筋違《すじかい》御門沿いに走る神田川を渡ると、同じ五街道の中山道に道を取り、現東京大学本郷キャンパス近くの本郷追分まで進む。

追分からは日光御成街道に道を取った。将軍が江戸城の外に出ることを御成と称したため、将軍が通行する街道は御成街道（御成道）と呼ばれた。

本郷追分を起点とする御成街道は岩淵・川口・鳩ヶ谷・大門《だいもん》・岩槻宿などを経て日光街道に合流したが、日光社参の初日は岩槻城で宿泊するのが慣例だった。将軍が泊まるとなれば警備の関係上、宿所は城であることが望ましかった。

日光街道を進む場合、江戸を出ると古河宿まで城はない。将軍を岩槻城で宿泊させるため、岩槻宿を通過する御成街道が日光街道と並行する形で設定されたのだろう。

二日目は、次の幸手宿の手前まで日光御成街道を進んだ。中山道本郷追分からの全長約十三キロメートルが日光御成街道であり、幸手宿手前で日光街道に合流して御成街道は終わる。

幸手宿からは日光街道を進み、二日目は古河《こが》城で宿泊した。三日目は宇都宮宿で宿泊し、四日目に日光に到着した。日光では連泊している。

帰路は往路と同じ道を引き返した。往復八泊九日の行程だったが、今市宿から日光街道を離れ、壬生宿などを経由したうえで日光街道小山《おやま》宿に向かうルートを取ることもあった。このルートが日光街道壬生通りである。小山宿から今市宿までは飯塚、壬生、楡木《にれぎ》、奈佐原、鹿沼、文挟《ふばさみ》、板橋の七宿があり、日光街道の西側を走っていたことから日光西街道とも呼ばれた。なお、楡木～今市間は例幣使街道と道を共有している。

日光街道の脇道となっていた壬生通りの方が、宇都宮を経由する日光街道の本道よりも距離が五キロほど短かった。そのため、日光社参の帰路に使われることもみられたが、庶民も参詣道として使ったという。つまりは、参詣者増加に貢献した街道であった。

ロ盛大な参詣行列

日光社参では江戸在府中の諸大名も将軍に随行することが義務付けられたため、莫大な出費を強いられた。沿道の農村にしても大行列の荷物を運ぶ人足や馬の調達を命じられ、同じく重い負担となる。助郷役《すけごうやく》として賦課されたため、無償奉仕だった。

享保十三年（一七二八）、八代将軍吉宗が六十五年ぶりに行った日光社参は次のとおりである。

四月十三日午前零時、行列の先頭を務める奏者番の秋元喬房《たかふさ》（川越藩主）の部隊が江戸を出発した。その後、お供の諸大名の部隊が続いた。吉宗の前後を直接固める親衛隊二千人が出発したのは午前六時で、行列最後尾の部隊が出発したのは午前十時。総人数はわからないが、出発に十時間も要した大行列であった。

将軍、諸大名、旗本から構成された大行列は、中山道から日光御成街道に入り、初日は岩槻で宿泊した。将軍は岩槻城が宿所だったが、大名や旗本たちは岩槻宿とその周辺に宿泊しただろう。

翌十四日は、幸手宿の手前で日光御成街道から日光街道に入った。次の栗橋宿の先には坂東太郎の異名を持つ関東一の河川・利根川が流れていたが、橋はなかった。そのため、通常は渡し船で行き来したが、日光社参の際は船橋が仮設される。渡し船だけでは大人数を捌き切れなかったことに加え、安全性も考慮して船橋が造られたのだろう。多くの船を並べてつなぎ、その上に板を渡して臨時の橋としたのが船橋である。

利根川の川幅は百八十八間（約三百四十二メートル）もあったため、五十艘余りの船が横に並べてつながれた。その上に板を幾重にも渡し、さらに馬が通りやすくなるよう砂が敷かれたが、それだけではない。船は川の上に浮いている状態であり、揺れると不安定なため、岸から伸ばした綱でしっかりと固定している。

幕府はこの船橋の準備に四カ月を要した。費用も二万両かかったという。日光への行きと帰りに使われた後、船橋は解体された。

利根川を渡った後、大行列は古河で宿泊した。十五日は宇都宮に宿泊し、十六日に日光に到着した。家康の祥月命日の十七日、吉宗は東照宮に参詣している。十八日には日光を出発し、帰途に就いた。

日光社参の際の総費用については、次の安永五年（一七七六）時の数字が知られている。なんと二十二万三千両もかかったという。これは幕府の出費であり、随行を命じられた諸大名や旗本の出費はカウントされていない。大行列の荷物を運ぶ人足と馬は関東一帯から動員されたが、その数たるや、人足はのべ四百万人、馬はのべ三十万疋《ひき》が徴発された（高埜利彦『元禄・享保の時代』集英社）。日光社参では幕府や諸大名が莫大な出費を余儀なくされ、農村も過重な負担を強いられたことは明らかであった。

そのため、幕府も諸大名や農村の負担に配慮し、四代家綱以降は日光社参を控えるようになる。毎年の例祭には、将軍の名代として代参使を日光に派遣することで済ませた。

日光への代参使には、吉良家などの高家《こうけ》が任命された。高家は殿中儀礼の指南や勅使の接待を職務としていたが、代参使も務めたのである。

ロ日光例幣使の派遣

日光東照宮の例祭には、朝廷も幣帛《へいはく》を奉献するため奉幣使を派遣している。毎年派遣されたため例幣使とも称されたが、これは幕府の要請に応えたものだった。朝廷の権威を借りることで東照宮の権威向上をはかりたい幕府の狙いが秘められていた。ひいては、東照宮つまり家康が創始者となった幕府の権力基盤の強化も期待できた。

最初に奉幣使が派遣されたのは元和三年のことだが、正保四年(一六四七)からは毎年の派遣が恒例となる。ここに、日光例幣使の歴史がはじまる。

例幣使に任命されたのは、朝廷では参議を務める中級クラスの公家であった。一行の人数は五十~六十人の規模だが、家康百回忌など特別な時は倍増となる。

京都を出立した例幣使は、中山道を経由して東へ向かった。碓氷峠《うすい》を越えて関東に入り、上野国《こうずけのくに》の倉賀野《くらがの》宿まで進んだところで中山道を離れ、道を東に取る。倉賀野宿から楡木宿を経由して今市宿に向かったが、その道筋が日光例幣使街道と称された街道である。

要するに、日光街道に出る近道だった。楡木宿から今市宿までは日光街道壬生通りと道を共有したが、今市宿からは日光街道を進んだ。

例幣使一行が京都を出立するのは、例年三月末から四月一日までの間だった。中山道、例幣使街道、壬生通り、日光街道を経て、遅くとも四月十五日には日光に到着することになっていた。

往路は中山道を取ったわけだが、東海道を選ばなかったのは大井川などでの川留めを恐れたからだろう。中山道は東海道に比べれば山道や峠道が多かったものの、河川は少なかったため川留めで到着が遅れる危険性は少なかった。

例祭前日にあたる翌十六日に、例幣使は神前への奉幣を行い、翌日の例祭に備えた。ただし、例祭自体には参列せず、奉幣を済ませると帰路に就く。

帰路は今市宿から壬生通りを経由し、小山宿に向かった。日光街道に道を取った後は、一路江戸へ向かう。

江戸で奉幣が済んだ旨を幕府に報告すると、東海道経由で四月末には京都に戻っている。例祭に遅れるわけにはいかなかったため、往路は川留めの危険性が少ない中山道を取ったのだが、任務を果たした後は川留めの危険性があっても山道の少ない東海道を選んだのである。

□例幣使の呆れた行状

幕府の要請に応えて毎年京都から派遣された日光例幣使には、中級クラスの公家が任命されたが、例幣使を望む者は実に多かった。狭き門であった。

なぜ、公家は例幣使に任命されることを強く望んだのか。役得が非常に魅力的だったからに他ならない。例幣使に一度でも任命されると、一財産を作れたのだ。

例幣使は駕籠に乗って日光へ向かったが、道中でわざと駕籠から落ちた。参議という身分だけは高い公家であり、怪我でもされたら一大事だった。

参議に任命される公家のランクは中級程度に過ぎなかったが、武家で参議に任命されるのは加賀百万石の前田家、徳川御三家の世継ぎクラスのみである。三百諸侯のうち筆頭格の大名だけが、参議になれた。

そのうえ、例幣使の役目とは歴代将軍も頭が上がらない東照神君へ幣帛を奉献することであった。そんな大事な役目を帯びた身分の高い公家に怪我を負わせたとなれば、只で済むはずがない。

一行には宿場で用意した駕籠かき人足や荷物を運ぶ人足が同行したが、例幣使は彼らにクレームを入れる。徴用された人足たちはその土地の農民で、次の宿場まで一行を送り届けることが役目だが、落ち度があったと糾弾するのである。

全くの言いがかりだが、農民（人足）たちには相手が悪すぎた。幕府に訴えられては厳罰は免れない。

そこで登場するのが、お決まりの袖の下であった。例幣使に金子《きんす》を渡すと、落ち度はなかったことになる。道中では、こうした光景が繰り返された。

駕籠からわざと落ちることは「パタル」と呼ばれた。「パタル」分だけ、例幣使の懐は重くなるというからくりだが、例幣使がこんなありさまであるから、供の者たちも何かと難癖を付けて金子を巻き上げるのが常だった。運悪く例幣使に関わってしまった人足たちにとっては、災難でしかない。

色紙や短冊に揮毫《きごう》し、本陣などに支払う宿泊代の一部に代えることもみられた。宿泊代は支給されていたため、そのぶん例幣使の懐に入る。宿泊料を期待する本陣にとっては、有難迷惑この上なかった。

東照宮に赴いた例幣使は新しい幣帛を神前に奉献し、去年奉献した幣帛を持ち帰ったが、それだけでは終わらなかった。古い幣帛を細かく切り刻み、諸大名から庶民に至るまで希望者に配った。無料ではなく、初穂料はしっかりと受け取っている。元手はかかっていないため、そのぶん帰路は懐が重くなった。

こうした役得により、一度でも例幣使に任命されると財産を作ることが可能なのである。

日光例幣使とは、沿道の庶民にとっては幕府や朝廷の権威を傘に着る迷惑この上ない存在だったが、それだけ公家は窮乏していた。江戸時代の公家は大名を凌駕する官位は有したものの、経済的基盤が実に弱かった。公家のトップである摂関家の近衛家でさえ、所領は三千石に届かず、中級旗本クラスにすぎない。

そのため、所領から徴収する年貢だけでは生計を立てられず、サイドビジネスで糊口を凌いだ。和歌や書道など伝統文化の家元となることで、その免許料を貴重な収入源としていた。よって、大きな役得が期待できる例幣使への希望者が殺到したのも無理はなかった。

四つの日光街道のうち、日光例幣使街道は他の三街道とは違って将軍が通行した参詣道ではなく、東照宮に派遣された勅使が通行した。だが、例幣使を通じて将軍権威のアピールを狙った幕府の思惑はともあれ、荷物運びや駕籠人足として関わった農民にとっては災難でしかない街道の象徴だったのである。

3

鎌倉街道は常に「いざ鎌倉」への道だった

神奈川県　朝夷奈切通　　写真：アフロ

鎌倉街道

鎌倉街道は「上道」「中道」「下道」で構成された

□政局、合戦の舞台でもあった政治都市

鎌倉といえば、観光地のイメージが非常に強い都市である。鶴岡八幡宮、長谷の大仏、鎌倉五山など名立たる寺社の門前町として、京都や奈良のような古都のイメージが定着しているが、幕府という武家政権が最初に誕生した政治都市でもあった。

鎌倉時代は将軍のお膝元だったのであり、鎌倉は政局や合戦の舞台として幾度となく歴史に登場してくる。権力闘争の舞台となったことで血なまぐさい事件も避けられなかった。鶴岡八幡宮で三代将軍源実朝《さねとも》が暗殺された事件などは、その象徴だろう。

新田義貞《にったよしさだ》の鎌倉攻めにより鎌倉幕府は滅亡したが、その後も鎌倉がたびたび合戦場となったことはあまり知られていない。そもそも、京都に幕府が置かれた室町時代に入ると、フェードアウトしてしまう感は否めない。

だが、室町幕府が鎌倉公方《くぼう》を置いたことで、公方と称された将軍のお膝元であり続ける。そのため、否応なく政局の舞台となり、合戦場にもなったのである。

鎌倉が合戦の舞台となった歴史をみていくうえで、「いざ鎌倉」のフレーズで知られる鎌倉街道の存在は避けて通れない。

鎌倉と東国各地を結んだ鎌倉街道は、一朝《いっちょう》事ある時に鎌倉に駆けつけるための軍事道路であった。幕府滅亡とともに同じくフェードアウトする感があるが、鎌倉が将軍のお膝元であり続けたことで、室町時代に入っても軍用道路として歴史に登場してくるのだ。

鎌倉街道を通して、平和な観光地のイメージの裏に隠された合戦場としての鎌倉の歴史に光を当てる。

ロ要害の地・鎌倉

鎌倉街道のなかでも、鎌倉と京都を結ぶ「京鎌倉往還」、鎌倉と東国を結ぶ「上道《かみつみち》」「中道《なかつみち》」「下道《しもつみち》」が代表的な鎌倉街道である。

「上道」は武蔵路とも呼ばれた。鎌倉を起点に相模原台地を経由し、関戸で多摩川を渡った。その後、武蔵国《むさしのくに》の国府があった府中から北武蔵そして上州・信州へと向かった。「中道」は二子で多摩川を渡り、現在の東京都内を通過した後、下野を経由して奥州に向かった。「下道」は丸子で多摩川を渡り、常陸《ひたち》を経由して奥州へ向かった。

鎌倉街道は源頼朝が鎌倉に幕府を開いたことにはじまる。鎌倉を本拠とした初代将軍の頼朝は、各地の武士と主従関係を取り結び、御家人とした。

将軍は御家人の所領を安堵するのみならず、功績を挙げれば新たに土地を与えた。あるいは守護職や地頭職に任命したが、これを将軍からの御恩と称した。一方、御家人は将軍（幕府）の命により軍役として戦場に赴いた。あるいは、鎌倉や京都の警備役を勤めた。これを将軍への奉公と称した。歴史教科書には必ず記述がある「御恩と奉公」の関係であり、この持ちつ持たれつの関係が鎌倉幕府を支えた。

幕府から軍事動員がかかると、御家人たちは鎌倉街道を通って鎌倉に馳せ参じることが義務付けられた。「いざ鎌倉」である。京都や東国に向けて放射状に走る鎌倉街道とは、御家人を速やかに鎌倉へ集結させるための軍用道路であった。鎌倉幕府を守るための道だった。

だが、鎌倉を守るためだけに使われたのではない。鎌倉を攻める道にも転じたことは、これから述べていくとおりである。

鎌倉の地形をみてみよう。

鎌倉は北・東・西の三方を山で囲まれ、南は相模湾に面した。守るに易く攻めるに難しい要害の地で、鎌倉を目前にすると険しい山道が待ち構えていた。鎌倉に入る道は幅が狭く、人馬も二列で通過できるかどうかだった。大軍が一気に攻め込むことなど到底無理で、防禦に非常に適した地形となっていた。

三方を山に囲まれた鎌倉に陸路で入る道は七つあった。幕府が山や丘などを切り開いて道を造ったのだが、これを「切通し《きりどお》」という。東から順に朝夷奈《あさいな》切通し、名越《なごえ》切通し、巨福呂《こぶくろ》坂切通し、亀ケ谷《かめがやつ》坂切通し、化粧《けわい》坂切通し、大仏切通し、極楽寺坂切通しの七口である。鎌倉を囲む山を城壁とすれば、七口の切通しは城内へ通じる城門にあたる。

だが、切通しという険阻な陸路では、大量の生活物資を鎌倉に運び込むことは難しかった。そのため、鎌倉の材木座海岸近くに築かれた和賀江島《わかえじま》の港には物資を積んだ船が数多く入港していた。水運なくして、鎌倉での生活は成り立たなかったのである。

ロ新田義貞の鎌倉攻め

源実朝が鶴岡八幡宮で甥の公暁に殺害されて源氏の将軍が三代で途絶えた後、将軍を補佐する執権職にあった有力御家人の北条氏は、京都から幼い親王などを将軍として迎え入れる。政治能力を持っていない皇族などを名ばかりの将軍とすることで、幕府の実権を握った。いわゆる執権政治である。

北条氏は三浦氏をはじめとする有力御家人を次々と倒し、執権はじめ幕府の要職を一族で独占したが、幕政から排除された他の有力御家人たちの間には北条氏に対する不満が募っていく。その不満が一気に爆発するきっかけとなったのが、天皇親政の実現を念願する後醍醐天皇の倒幕運動だった。

綸旨《りんじ》という形で発せられた天皇からの倒幕の命令は、北条氏が仕切る幕府に不満を抱く武士たちを立ち上がらせる。元弘三年（一三三三）五月七日、有力御家人の足利高氏《たかうじ》は北条氏が京都に設置した幕府の出先機関六波羅探題を攻め滅ぼす。

同じ頃、天皇の命令に呼応して鎌倉を目指す大軍が鎌倉街道を南下していた。高氏と同じく源氏の流れを汲む新田義貞率いる軍勢だった。高氏が六波羅探題を攻め滅ぼした直後の五月八日、義貞は上野国《こうずけのくに》の生品《いくしな》明神で挙兵する。鎌倉街道のうち「上道」を経由し、一路鎌倉へ攻め上った。

幕府の実権を握る北条高時は、義貞の挙兵を受け、北条一門の桜田貞国率いる軍勢を急派する。北条勢が取った道も「上道」だった。両軍は鎌倉街道で何度も激突する。

同十一日、新田勢は武蔵国小手指ヶ原（現埼玉県所沢市）で北条勢を破った。翌十二日には久米川（現東京都東村山市）でも勝利を収める。北条勢は多摩川まで後退し、分倍河原《ぶばい》（現東京都府中市）に陣を張った。多摩川を背に背水の陣をしいた北条勢は、破竹の勢いだった新田勢を破る。

ところが、その後に新田勢の夜襲を受け、十六日には多摩川の防衛ラインが突破されてしまう。勢いに乗った新田勢は敗走する北条勢を追って「上道」を南下し、一気に鎌倉に攻め寄せた。

高時は鎌倉で最後の防戦を試みる。主戦場となったのは、七つの切通しのうち巨福呂坂切通し、極楽寺坂切通し、化粧坂切通しの三口であった。

戦いは十八日からはじまるが、新田勢は北条勢による必死の防戦の前に苦戦を強いられる。巨福呂坂では北条一門で最後の執権赤橋守時を自害に追い込むが、北条勢が激しく抵抗したため突破できなかった。極楽寺坂では北条一門の大仏貞直《おさらぎ》、化粧坂でも同じく一門の金沢貞将《かねさわさだゆき》の抵抗を受けて立ち往生を強いられる。新田勢の損害も増えていった。

そこで、義貞は極楽寺坂近くの稲村ヶ崎に向かう。

二十一日夜、相模湾に臨む稲村ヶ崎で潮が引くことを念じながら海中に剣を投げ入れたところ、はかったように潮が引きはじめた。苦戦していた新田勢は勇気百倍となり、岬際から鎌倉への突入を開始する。

巨福呂坂などで防戦していた北条勢は虚を突かれた形となり、死守していた防衛線も崩れはじめる。新田勢は次々と鎌倉に乱入し、北条氏の敗北は決定的となった。

北条一門が次々と討たれるなか、高時は最後の時が迫ったことを悟る。元弘三年五月二十二日、北条氏の菩提寺東勝寺に集結した高時以下一門は自害して果てた。

ここに、約百五十年続いた鎌倉幕府は滅んだ。

ロ北条氏の鎌倉攻めと足利氏の鎌倉奪還

このように、新田義貞の鎌倉攻めでは鎌倉街道が戦場となった。新田勢は北条勢を破って鎌倉を攻め落としたが、わずか二年後には攻守所を変える。

逆に、北条勢が鎌倉街道を経由して鎌倉に攻め込んだのだ。いわゆる中先代《なかせんだい》の乱である。再び鎌倉街道が戦場となったが、新田義貞の鎌倉攻めに比べると、北条氏の鎌倉攻めはあまり知られていない戦いだろう。

鎌倉幕府滅亡後、後醍醐天皇は武家政治（幕府）を否定し、建武の新政と称される天皇親政を開始する。だが、足利尊氏（高氏から改名）たち有力武士の面々は、北条氏が執権として牛耳る鎌倉幕府を倒す意図はあったものの、約百五十年続いた武家政治までは否定していなかった。

よって、建武の新政は武士たちを大いに失望させたが、そうしたなか、滅んだはずの北条氏が幕府再興を目論む。北条一門は鎌倉で自害したが、高時の忘れ形見である北条時行は信濃国《しなののくに》の諏訪氏のもとに保護されて、捲土重来の時節を窺っていた。

建武二年（一三三五）七月十四日、諏訪頼重たちに擁立された時行は信濃で挙兵する。建武の新政への不満を背景に、信濃を席巻した北条勢は上野国そして武蔵国に入る。鎌倉幕府再興を期待する東国の武士たちで膨れ上がった北条勢は、二年前に新田勢が進撃した「上道」を経由して鎌倉に向かった。

こうして、鎌倉街道が再び戦場となる。

北条勢を待ち構える鎌倉には、関東の統治機関として鎌倉将軍府が置かれていた。天皇の皇子成良《なりよし》親王が将軍に据えられ、尊氏の弟直義《ただよし》が親王を補佐した。

「上道」を北上して北条勢の南下を阻止しようとした足利勢だが、武蔵国の女影《おなかげ》ヶ原や小手指ヶ原で敗れる。その後も鎌倉街道の各所で敗退したため、直義は鎌倉放棄を決断する。同二十五日、北条勢は足利勢の去った鎌倉を占領した。

成良親王を奉じて三河まで後退した直義は、京都にいた兄尊氏に救援を求める。尊氏は天皇の制止を振り切り、鎌倉に向かった。これまでは「上道」と呼ばれた鎌倉街道が戦場だったが、今度は「京鎌倉往還」と呼ばれた鎌倉街道が戦場となる。

足利勢は破竹の勢いで北条勢を破った。八月十九日には鎌倉を奪還するが、その後も鎌倉をめぐる攻防戦は続く。

鎌倉に入った尊氏は、天皇に反旗を翻す。そのため、天皇は義貞率いる尊氏討伐軍を京都から鎌倉に向かわせたが、十二月十一日の箱根竹の下の戦いで新田勢は足利勢に敗れる。尊氏は逃げる義貞を追って西に向かい、京都の占領にも成功した。

◘繰り返される鎌倉攻防戦

その頃、天皇の命を受けて奥州から尊氏討伐に向かった北畠顕家《あきいえ》は、尊氏不在の鎌倉を攻略していた。だが、顕家は尊氏を追って京都に向かったため、鎌倉は足利勢に奪還されてしまう。

京都に向かった顕家は義貞や楠木正成とともに、京都占領中の尊氏との戦いに勝利し、九州へ敗走させた。翌建武三年（一三三六）一月のことだが、その後、顕家は奥州にいったん戻っている。

　ところが、九州で勢力を挽回した尊氏が京都を目指して攻めのぼってきた。天皇の命を受けて尊氏を迎撃しようとした正成は摂津国《せっつのくに》の湊川で敗れ、同年五月に自害して果てる。義貞も敗走した。京都は再び尊氏に占領されたため、顕家はもう一度西上の途に就くことになる。

　同四年（一三三七）八月、関東に入った顕家は各所で足利勢を破り、十二月二十四日には鎌倉の攻略に再度成功する。鎌倉街道のうち、「中道」か「下道」のコースを取って鎌倉に向かったのだろう。

　暦応元年（一三三八）一月、鎌倉を出陣した顕家は京都に向けて進軍した。各地で足利勢を破ったが、同年五月に和泉国《いずみのくに》の堺で討死にする。閏《うるう》七月には、越前国《えちぜんのくに》の藤島で義貞も討死にした。天皇を支える諸将を次々と討ち取った尊氏は、この年の八月に征夷大将軍の座に就き、室町幕府が誕生した。

　しかし、今度は幕府内で内輪もめがはじまる。将軍の尊氏と弟直義の関係が悪化し、ついには観応の擾乱と呼ばれる武力抗争に発展する。

　幕府の内部分裂を好機とみた新田義貞の遺子義興・義宗兄弟は、文和元年（一三五二）閏二月十五日に上野で挙兵する。父義貞に倣って鎌倉街道の「上道」を南下し、鎌倉を目指した。鎌倉の足利勢も同じく「上道」を北上して迎撃したが、敗北を喫する。

その勢いで、同月十八日には早くも鎌倉を占領したが、その期間は半月にも満たなかった。三月二日に、新田勢を破った足利勢が鎌倉を奪還したからだ。義貞の鎌倉攻めの後も、鎌倉そして鎌倉街道は幾度となく戦場となっていた。

観応の擾乱が尊氏の勝利に終わると、室町幕府の基盤もようやく固まるが、鎌倉をめぐる攻防戦は終わらなかった。鎌倉街道も再び戦場となるのである。

ロ鎌倉府の消滅とその後の鎌倉

尊氏は京都で幕府を開いたこともあり、関東にはミニ幕府ともいうべき鎌倉府を別に置いた。息子の基氏を鎌倉（関東）公方として派遣し、関東の統治を任せる。尊氏の嫡男義詮《よしあきら》とその子孫が将軍職を代々継承したのに対し、義詮の弟にあたる基氏とその子孫は鎌倉公方を継いだ。

ところが、時が経つにつれ、将軍と鎌倉公方の関係が悪化する。鎌倉公方が幕府から独立する傾向が顕著となり、幕府の統制が利かなくなる。

鎌倉公方とその下で政務を執った関東管領上杉氏の関係も良好ではなかった。公方足利持氏と管領上杉氏憲（禅秀）の時に、その対立が表面化する。応永二十三年（一四一六）十月二日、禅秀が鎌倉で挙兵したため、持氏は命からがら駿河国《するがのくに》に逃亡する。幕府は禅秀討伐に乗り出し、鎌倉から出陣してきた上杉勢を鎌倉街道の「上道」で破った。翌二十四年（一四一七）一月十日、追い詰められた禅秀は鎌倉で自害し、乱は終結する。

その後、同族の上杉憲実が管領職を務めたが、今度は持氏と憲実が対立する。永享十年（一四三八）八月に身の危険を察知した憲実が鎌倉を脱出すると、持氏は討伐軍を派遣した。窮した憲実は幕府に救援を求めた。

かねてより鎌倉公方を抑え込みたかった幕府はこれを好機として、持氏の討伐に乗り出す。永享《えいきょう》の乱のはじまりであった。

こうして、鎌倉をめぐる攻防戦が再現される。鎌倉街道も再び戦場となるが、戦いは幕府軍の勝利に終わり、翌年二月に持氏は自害して果てた。

その後、持氏の子である成氏《しげうじ》が鎌倉公方に任命されるが、やがて管領上杉憲忠（憲実の子）と対立する。享徳三年（一四五四）十二月に成氏は憲忠を殺害し、関東は享《きょう》徳《とく》の乱に突入した。現在、享徳の乱は関東における戦国時代の幕開けを告げる戦乱と位置付けられている。

翌四年（一四五五）、鎌倉を出陣した成氏は「上道」を北上する。武蔵国の分倍河原で上杉勢を破ったが、その間に鎌倉を奪われてしまう。成氏は下総国《しもうさくに》の古河に入り、古河公方として上杉勢との戦いを続けた。

以後、足利一門が公方として鎌倉に入ることはなかった。ここに、鎌倉府は事実上消滅する。

鎌倉をめぐって激しい攻防戦が繰り返された理由は、何よりも鎌倉府があったことに求められる。だが、鎌倉府の消滅により関東の中心としての地位を失うことで、鎌倉をめぐる攻防戦も鎮静化していく。

その後、鎌倉に代わって小田原が関東の中心となる。関東の覇権を握った戦国大名の北条氏が小田原城を居城としたからである。それに伴い、鎌倉は合戦の舞台でも政局の舞台でもなくなる。鎌倉街道も軍事道路としての役割を失っていった。

もともと、鎌倉街道は幕府（鎌倉府）が鎌倉に軍勢を集結させるための道であった。鎌倉を守るための道だったが、幕府や鎌倉府に敵対する勢力にとっては鎌倉を攻める道となっていた。

鎌倉街道が合戦の舞台を用意した格好だが、戦国時代を機に鎌倉は将軍のお膝元ではなくなる。江戸時代に入ると、現代につながる観光都市へと変身する。鎌倉街道も観光地鎌倉への道に変わっていくのである。

4

富士山の噴火で東海道のルートは変更された

歌川広重「五十三次名所図会 十三 沼津 足柄山不二雪晴」
提供：アフロ

東海道と足柄街道

東海道は、もともとは足柄峠が正規のルートだった

■東海道の二つの難所

東海道の難所といえば、天下の険といわれた箱根峠である。江戸時代、大名が参勤交代で箱根峠を無事に越えると、「山祝い」をした事例がみられたほどだった。箱根峠の場合、荷物は人足たちに持たせて越えるのが定番だった。そのため、無事に越えると人足に祝儀を渡すのが慣例となっていた。

徳川御三家のひとつ紀州藩では、箱根峠に加えて、同じく東海道の難所だった大井川を無事越えると、その日の夜に宿泊した本陣で藩士に祝いの酒が振る舞われたという。「箱根八里は馬でも越すが、越すに越されぬ大井川」のフレーズはよく知られているが、大井川を越えた時は「水祝い」をしたのである。

■箱根路は本道ではなかった

神奈川県と静岡県の間には、箱根のほか足柄の山々も聳《そび》え立っている。両県をつなぐ形で走る東海道は箱根峠を越えるルート（箱根路）が本道と思われがちだが、もともとは足柄峠を越えるルート（足柄路）が本道だった。しかし、ある一大自然現象が東海道のルートを変更させてしまう。

平安時代前期にあたる延暦十九年（八〇〇）に富士山が噴火した。その後も噴火が続いたことで、東海道の本道が足柄路から箱根路に変更されたのである。

富士山は東海道のルートを変更させるほどの力を持っていたが、それだけではない。後には城下町小田原を誕生させた。富士山の噴火は東海道及び周辺地域に多大な影響をもたらしていた。

富士山の噴火という一大自然現象が東海道の本道を足柄路から箱根路に変更させ、地域を変貌させていった様子を追う。

□噴煙を上げていた富士山

現在、神奈川県国府津《こうづ》駅と静岡県沼津駅の間をJR御殿場線が走っている。足柄峠を北に迂回する形で敷設された御殿場線は、かつての東海道の本道・足柄路に沿って走る線路である。

足柄路を取る場合、東海道は小田原を通過しない。東海道が小田原を通過するには、箱根路の登場を待たなければならなかった。

東海道の歴史において箱根路が登場するのは平安時代に入ってからだが、その背景となった富士山に関する記録が現れるのは『風土記《ふどき》』が最初だった。日本最古の歴史書『古事記』や『日本書紀』には富士山は登場していない。

『風土記』とは、奈良時代に編纂された地誌である。地誌とは、ある地域の地理・風俗・習慣・伝承などを記述した書物のことだが、和銅六年（七一三）に、時の元明天皇は諸国に対して地誌を編纂するよう命じた。この時に編纂された風土記で現存しているのは、出雲《いずも》・常陸・播磨《はりま》・豊後《ぶんご》・肥前《ひぜん》の五カ国のものだけである。

富士山の記述があるのは、常陸の風土記だ。筑波郡《つくはのこおり》の条で、常に雪が降っているため登山できない山と紹介されている。

やがて、富士山は文学作品にも登場する。平安時代前期に成立したと伝えられる『竹取物語』には、次のような記述がみられる。

かぐや姫は月に戻る際、不老不死の薬と手紙を天皇に送った。天皇は月に一番近い山すなわち日本最高峰の富士山で薬と手紙を燃やすよう命じたが、それゆえに今も富士山頂は煙が絶えない。

ここで注目されるのは富士山の煙が絶えない（噴煙を上げていた）ことであり、この時期は活火山だった様子がうかがえる。富士山が活火山だったことは『竹取物語』以前の記録でも確認でき、日本最古の歌集で奈良時代の成立とされる『万葉集』には、次のような和歌が載せられている。

吾妹子《わぎもこ》に逢ふ縁《よし》を無み駿河なる　不尽の高嶺の燃えつつかあらむ

妹が名も吾が名も立たば惜しみこそ　布士《ふじ》の高嶺の燃えつつ渡れ

これらの和歌では、恋愛感情が富士山の噴煙に喩えられた。この時期、富士山が活火山だったことを暗示する和歌でもあった。

富士山が平安時代に入っても噴煙を上げていたことを例示する記載は、各種記録でみられる。菅原孝標《すがわらのたかすえ》の娘が作者の『更級日記』はそのひとつである。当時、孝標は上総国《かずさのくに》で現在の県知事にあたる国司を務めていた。

父の孝標が任地の上総国から京都へ戻ることになった。これに同行した作者は途中の駿河国で富士山を間近に見た際、噴火の炎まで見えたことを『更級日記』に書き残している。寛仁四年（一〇二〇）のことであった。

□富士山が東海道を変えた

このように、奈良時代や平安時代の記録からは富士山の噴火が確認できるが、東海道のルートを変えるほどの大噴火もみられた。

平安遷都の六年後にあたる延暦十九年三月十四日に、富士山が大噴火する。その後、噴火は四月十八日まで一カ月余り続いた。

噴煙のため昼でも辺りは暗く、夜は富士山から上がる炎が天を照らした。火山灰が雨のように降り、麓の川の水は真っ赤になったと、駿河国の国司から朝廷に報告されている。

周辺地域が多大な損害を受けた様子がわかるが、翌々年（八〇二）一月八日の大噴火では砂礫があられのように降ったという。

一連の延暦年間の噴火活動がもたらした火山灰のため、足柄路は通行不能になってしまう。そこで、箱根峠を越える箱根路が東海道の新たなルートとして登場してくるのである。

足柄路が復旧した後も、箱根路は間道という形で利用された。本道が足柄路で間道が箱根路という時代はしばらく続くが、道は険しいものの箱根路の方が足柄路よりも短距離だったこともあり、箱根路の交通量が次第に増えはじめる。そして、足柄路に代わって東海道のメインルートとなった。富士山が東海道のルートを変更させた格好だった。

その後も富士山は噴火を繰り返した。貞観六年（八六四）の噴火では地震も三度起きたと、駿河国の国司は朝廷に報告している。溶岩が本栖湖になだれ込み、湖面を一部埋めたという。甲斐国《かいのくに》にまで達したのだ。

噴火の被害が甲斐国に及んだことで、甲斐国の国司も被害状況を次のように朝廷に報告している。

富士山が突然に噴火し、甲斐国八代郡に溶岩や厚い土砂が流れ込んだ。溶岩は本栖湖だけでなく、河口湖にまで達した。水は湯のように熱くなり、魚や亀はすべて死んだ。人々の住居も埋まってしまい、一家全員が死亡した事例も数え切れなかった。

ロ城下町小田原の誕生

富士山の噴火を契機に箱根路は東海道の間道から本道となるが、その過程で、相模国の一農村だった小田原が東海道の宿場町として登場してくる。足柄路を取る場合、東海道は小田原を通過することはなかったが、箱根路が設定されたことで東海道が小田原を走るようになり、農村から宿場町へと変身を遂げる。

小田原が東海道の宿場町として賑わいをみせはじめた頃、駿河国の駿東郡を本拠とする大森氏が鎌倉公方の足利持氏から小田原の支配を委ねられる。時は室町時代中期のことであり、その先に戦国時代がみえてくる頃だった。

鎌倉公方とは、室町幕府が関東統治のために設置した鎌倉府のトップである。初代将軍足利尊氏の息子基氏とその子孫が公方の地位を世襲した。

大森氏は小田原の支配を委ねられたことを契機に、箱根峠を越えて相模国《さがみのくに》に勢力を拡大させ、小田原城を築く。大森氏頼の代には、小田原城を本拠とする相模の有力領主に成長する。ちょうど十五世紀も終わりの頃で、時代は戦国時代に突入していた。

大森氏時代の小田原城は、東海道や小田原宿とかなり離れた場所にあった。まだ東海道が城下を走っておらず、宿場町が城下に組み込まれていなかった。

やがて、小田原城は北条早雲の名で知られる伊勢宗瑞《そうずい》に奪われる。当時の小田原城主は大森氏頼の子藤頼だが、早雲は大森家で内紛が勃発したことに乗じて小田原城を奪取した。明応五年（一四九六）以降のこととされる。

戦国大名北条氏の象徴となる小田原城は、早雲の時代は居城ではない。伊豆の韮山城が居城で、小田原城は支城のひとつに過ぎなかった。

だが、跡継ぎの氏綱の代になると、北条氏は小田原に居城を移す。相模国にとどまらず、武蔵国そして関東全域への進出をはかった。太田道灌の築城で名高い武蔵国の江戸城や河越城を奪取し、房総方面にも侵攻した。

氏綱の嫡男氏康の代になっても、北条氏の版図拡大は続く。天文十五年（一五四六）の河越城の戦いで上杉氏などに勝利すると、上野国への侵攻を本格化する。

関東制覇の勢いを示した北条氏に強い危機感を抱いたのは、関東侵攻を目論む越後《えちご》の上杉謙信であった。永禄四年（一五六一）三月、謙信は小田原まで長駆攻め込むが、迎え撃った氏康は籠城戦に持ち込み、撤退を余儀なくさせる。同十二年（一五六九）十月には、同じく関東に食指を動かす武田信玄も小田原城を包囲したが、その堅い守りに攻城を諦めている。

謙信や信玄の城攻めに耐え抜いた小田原城は、早雲が奪取した頃に比べると規模を拡大させていた。北条氏としては、関東の雄にふさわしい城にする必要があったからだ。

城郭の拡張工事により、北条氏は東海道や小田原宿を城下町に取り込む。戦国大名にとって、居城を起点として各地と結んだ交通網は領国支配の強化に不可欠なツールであり、その整備は城下町の発展にも不可欠だった。北条氏の場合は、東海道を取り込むことで小田原の城下が交通網の中核となることを期待した。

こうして、東海道が小田原の城下町を走るようになったのである。

ロ東海道や箱根関所の管理を課せられた小田原藩

小田原城の拡張、小田原を起点とした交通網の整備により、名実ともに関東の中心となった小田原だが、天正十八年（一五九〇）七月、豊臣秀吉の大軍の前に小田原城は開城に追い込まれる。北条氏は滅亡し、その旧領は徳川家康に与えられた。

家康は江戸城を居城としたため、関東の中心は小田原から江戸に移るが、小田原城が要衝であることに変わりはなかった。家康は北条氏の支城に重臣たちを配置したが、小田原城は信任が厚かった大久保忠世に与えた。京都に通じる東海道沿いに立地していたことは大きかった。

その後、家康が幕府を開くことで江戸が将軍のお膝元となると、江戸と京都を結ぶ東海道は最重要の街道となる。東海道最初の宿場は品川宿だが、最初の城下町は小田原城であり、小田原城は江戸を守る最前線の城となる。
江戸開府の翌年にあたる慶長九年（一六〇四）、幕府は日本橋を起点として五街道を定める。五街道のなかでも東海道はその筆頭格だったが、元和二年（一六一六）に箱根路が東海道の本道つまりメインルートと定められ、名実ともに足柄路は間道となる。

箱根路が東海道のメインルートに定められたことを受け、箱根峠に関所が設置される。同五年（一六一九）頃に設置されたと伝えられるが、箱根路のなかでも屏風山《びょうぶやま》が芦ノ湖畔に迫るという非常に狭まった場所に関所は置かれた。

箱根の関所を管理したのは幕府ではなかった。小田原藩に業務が委任された。関所役人とは小田原藩士であった。

小田原から伴頭・横目付として五名、番士として三名（後に四名）、足軽十一名（後に十五名）が常駐して勤務に就いた。勤務は一カ月交代で、毎月二日が交代日だった。

伴頭が関所のトップで、横目付は伴頭の補佐役を務めた。関所業務の監査役でもあった。番士は手形の改めや通行人の検閲などの実務を担った。足軽は関所の日々の掃除や柵の点検補修を担当した。

小田原城下から交代でやって来る役人のほか、関所近くに住んで職務にあたった役人もいる。これを定番人《じょうばんにん》という。その身分は番士の下だが、実務に通じていたことから関所の運営にはなくてはならない存在だった。

小田原藩が管理を委託されたのは、箱根関所だけではない。城下町を走る東海道の管理も命じられた。幕府は街道の整備を非常に重視しており、特に五街道などは道中奉行の管轄下に置き、街道筋を所領とする大名にはその維持管理にあたるよう厳命した。領内を東海道が走る小田原藩もその原則に基づき、東海道の修復にあたったのである。

ロ宝永の大噴火がもたらした大きな被災

箱根路そして箱根関所の生みの親ともいえる富士山の噴火だが、平安時代を過ぎると、噴火の記録があまり残っていない。宝永四年（一七〇七）に起きた「宝永大噴火」を最後に、富士山は現在まで噴火していない。以後長い休火山の時代に入ったわけだが、この最後の噴火時の被災状況から、東海道のルートを変更させた自然の力を想像してみたい。

富士山噴火に先立って、宝永四年はマグニチュード八・四という大地震が起きた年でもあった。十月四日に起きた地震は東海から南海にかけて大きな被害をもたらし、房総から九州の太平洋沿岸にかけては津波も襲った。

「宝永地震」と呼ばれた大地震の余震が収まらないなか、翌十一月二十三日の朝に富士山が大噴火する。噴火は十二月九日まで半月ほど続き、駿河・相模・武蔵国など周辺地域に甚大な被害をもたらした。富士山に最も近い駿河国駿東郡須走《すばしり》村では家屋三十七戸が焼失し、軽石や火山灰が三メートルも積もったという。潰れた家屋は三十六戸、寺院も三つ潰れた。神社も大破した。

火山灰は遠く水戸にまで降ってきた。江戸も例外ではなく、新井白石は自叙伝『折たく柴の記』に、雪のように降り注いだ白い灰は地面を埋め尽くし、草木も白くしたと書き残している。その後も灰が盛んに降ってきたため、江戸の人々は咳に悩まされたという。火山灰が降ってくるだけでなく、地鳴りや地震も頻繁だった。

この年の地震と富士山噴火により、三万人余が命を落とす。倒壊した家屋は約六万棟、流失した家屋も二万棟に及んだ。火山灰の被害を受けた田畑の石高は三十万石以上とも伝えられる。

事態を重くみた幕府は被災地の調査を開始するが、とりわけ富士山にも近い小田原藩の領民たちはたちまち追い詰められる。富士山から降ってきた灰や砂のため農地が埋もれ、食べるものがなくなってしまったからだ。駿東郡御厨《みくりや》地方の田畑などは高さ二メートルもの砂で埋め尽くされたという。

小田原藩は領民たちの嘆願を受け、翌五年閏正月に入ってから御救米《おすくいまい》二万俵を与えたものの、これだけでは足りなかった。砂を取り除くのに要する費用も支給しなければならなかった。

だが、幕府は被害の深刻さを踏まえ、小田原藩独力で農地を復興させるのは無理と判断する。復興に必要な費用の負担に藩財政は耐えられないとみなした。

当分の間、幕府は小田原藩領を直轄地とした。その復興にみずから乗り出すが、主な対策としては二つ挙げられる。ひとつは河川の浚渫《しゅんせつ》であった。

噴火のため砂や灰で埋まったのは農地だけではない。河川も埋まったが、問題はその流れがストップしたことである。

そのまま放置すれば雨が降った時にスムーズに流れず、氾濫という二次災害が起きるのは避けられなかった。よって、幕府は岡山藩など五藩に対して、砂で埋まった酒匂《さかわ》川など相模国の河川の浚渫を命じる。

もうひとつは、砂で農地が埋まった駿河・相模・武蔵国の農村を対象に御救金を支給したことである。現代風にいえば災害復興支援金だった。

今回の大噴火が東海道にも大きな被害を与えたのはいうまでもない。しばらくの間、通行止めとなったことは想像するにたやすい。そのため、参勤交代で東海道を通行していた大名は中山道への経路変更を余儀なくされる。

だが、中山道の通行量が激しくなったことで、荷物の継送にあたる各宿場がその負担に耐えられなくなる。一方、街道の復旧が成って東海道の通行止めが解除された後も、参勤交代の行列は中山道の通行を続けたため、東海道筋の各宿場は寂れてしまった。正徳四年(一七一四)十一月、これを憂慮した幕府は諸大名に対して中山道の通行制限を布告している。

富士山が噴火すると、周辺地域にこれほどの被害をもたらしたのである。一連の延暦年間の噴火活動による火山灰のため、足柄路が通行不能となって箱根路が東海道の新たなルートとして登場してきた背景には、こうした自然の力が働いていた。

5

参勤交代では東海道よりも人気があった中山道

神奈川県　六郷の渡し　川崎宿　　写真：アフロ

中山道

中山道には69の宿場があった

ロ参勤交代ルートは幕府が指示していたのだが

江戸時代、諸大名は参勤交代で江戸に向かうにせよ、国元に帰るにせよ、五街道のうちいずれかの街道を通行することが大半だったが、西国の大名には東海道と中山道の二つの選択肢があった。その場合、中山道の通行を望むことが多かったが、なぜ東海道よりも人気があったのか。

江戸幕府において、五街道をはじめとする街道や宿場の取締り、道路や橋梁などの修復を管轄したのは道中奉行である。道中奉行とは、大名の監察を職務とする大目付や幕府財政を掌《つかさど》った勘定奉行が兼務する役職だった。

文政五年（一八二二）に道中奉行は諸大名に対し、参勤交代で通行すべき街道を指定している。大名側は参勤のルートを自由に決められず、幕府に決定権があった。

この時の道中奉行の指示によれば、東海道通行の大名は百四十八家、中山道は三十家、奥州街道は三十七家、日光街道は三家、甲州街道は三家となっており、東海道を通行する大名が圧倒的に多かったことがわかる。

だが、実際は何かと理由を付けて中山道を通行する大名が多く、幕府は中山道を通行しないよう規制をかけたほどだった。交通量の増加により、宿場の負担が増すことを危惧したからである。

東海道は江戸・京都間を五十三の宿場で結んだのに対し、中山道は同じく江戸・京都間を六十九の宿場で結ぶ街道だった。東海道は全長約四百九十五キロメートルで、中山道は同約五百二十六キロメートルと、中山道の方が三十キロほど長かった。東海道は名前のとおり海沿いに走る街道で、気候も温暖だったのに対し、中山道は険しい山道も多く、特に冬は寒さが厳しかった。

よって、東海道の方が中山道よりも旅の苦労は少なかったはずだが、意外にも中山道通行を希望する大名は多かった。大名だけではない。庶民にしても、東海道よりも中山道を選ぶことが多かった。

なぜ、中山道を希望する大名が多かったのか。その理由を両街道の特徴から解き明かしていく。

ロ参勤期日も幕府の許可が必要だった

武家社会の憲法ともいうべき武家諸法度で、幕府は諸大名に参勤交代を義務付けたが、江戸参勤のルートだけでなく期日についても、各大名からの伺いに基づき個々に指定した。大名が参勤期日を自由に決めることはできず、参勤ルートと同じく、幕府に決定権があった。病気などの理由で参勤できない場合も、その理由を申し立てたうえで、幕府から参勤免除の許可を得る必要があった。

譜代大名は原則として毎年六月（関東の譜代大名は八月など）、外様大名は毎年四月に参勤すると定められた。参勤の際には、その都度期日の伺いを立てることが義務付けられ、四月参勤組の外様大名は前年十一月、六月参勤組の譜代大名は同年二月に伺いを立てた。その手続きは次のとおりである。

まず、国元にいた大名は参勤の伺書を携えた使者を江戸屋敷に向けて出立させる。江戸屋敷到着後、使者は江戸留守居役が同行したうえで江戸城に登城し、老中に伺書を提出した。

江戸留守居役とは、幕府や他藩との連絡、折衝にあたらせるため各藩が江戸屋敷に置いた藩士である。一種の外交官のような存在だった。

幕府は大名からの伺書を受け、参勤の期日を指示する命令書を老中奉書《ほうしょ》という形で発給した。老中奉書とは、幕閣を構成する老中たちが将軍の意を受けて出した公文書のことである。

この老中奉書は直ちに国元に送られた。奉書を受け取った国元では、参勤を許可されたことへの御礼の使者を江戸に向けて出立させる。

伺書提出の時と同じく、江戸に到着した御礼の使者は留守居役が同行のうえ、江戸城に登城した。これで、晴れて参勤の準備に取りかかることになる。

参勤のルートも期日も幕府が指示したわけだが、その途中で、天災などにより止むを得ずルートや期日を変更する必要が生じた場合はどうしたのか。

その都度、現地から幕府に急使を送って変更の許可を得ることになっていたが、実際は許可が届く前にルートを変更している。幕府からの許可を待っていては時間をロスするだけでなく、長逗留で費用が嵩んでしまうからだ。幕府もその判断を追認した。

□大名も庶民も川留めには苦労した

中山道が東海道よりも好まれた理由だが、それは川留めに遭う危険性が少なかったことに尽きる。中山道は東海道に比べて、大きな河川が街道を横切っていなかったのである。

この時代、幕府は主要街道を横切る大河川には軍事上の理由で架橋しないのが原則だった。橋が架けられていると迅速な軍事行動が可能となり、江戸の防衛が危うくなると懸念し、敢えて架橋しなかった。

城に喩えると、大河川に外堀としての役割を期待したのだ。東海道と交差する多摩川などはまさに江戸の防衛線であり、渡し船で両岸を行き来した。六郷の渡しのことである。

橋が架けられていない河川を渡る場合、三つの選択肢があった。①川越し人足に担いでもらう、②渡し船に乗る、③船橋を作って渡る——の三つだ。

参勤交代の場合、大名が川越し人足に担いでもらうわけにはいかない以上、馬で乗り切るか、駕籠を蓮台に載せたまま、川越し人足が担ぐ蓮台を向こう岸まで運ぶ方法が取られた。以下、加賀藩前田家の事例を紹介しよう（忠田敏男『参勤交代道中記加賀藩史料を読む』平凡社ライブラリー）。

大名の駕籠が蓮台で運ばれる時、川上と川下には百人もの人足が立った。川上に立たせた人足は「水切り人足」と呼ばれ、水勢を弱めようという狙いがあった。川下にも人足を立たせたのは、蓮台が流されてしまった場合に備えるためである。

渡し船の場合、船の数には限りがある以上、参勤交代のように大人数が渡る時は非常に混み合う。よって、一番目は鉄砲組、二番目は弓組、三番目は長柄《ながえ》組……という順番が前もって決められた。

渡し船に使われたのは、「平太船《ひらたぶね》」と呼ばれた平らな船であった。舳先から艫《とも》までが十三メートルで幅が三メートル。定員は水嵩の少ない時で人が三十人、馬が二疋、水嵩の多い時は人が二十人、馬が二疋と決められていた。

しかし、流れが速い河川の場合は、船に綱を付けた引船の形を取ることもあった。綱を引く人足がさらに必要となる以上、加賀藩の負担は増した。

船橋が使われることもあった。船橋とは、多くの船を並べてつなぎ、その上に板を渡して臨時の橋としたものである。浮橋とも呼ばれた。

ただし、船橋が架橋されたのは領内の河川を渡る時に限られた。他領の河川を通過する時、船橋が架橋されることはほとんどない。他領では大量の船を簡単には用意できなかったことに加え、費用の問題も大きかった。船橋を作るには、渡し船の船賃をはるかに越える経費を要したからである。

だが、雨により河川が増水すると、安全に向こう岸へ渡ることができないとして川留めになる。川越し人足も渡し船も船橋も利用できなくなる。

参勤交代の大名にせよ、一般の旅人にせよ、川留めは迷惑この上なかった。予定の変更を強いられるだけではない。川の手前の宿場で足留めを食うことにより宿泊費が嵩むのが悩みの種だった。

そのぶん、宿場にはお金が落ちた。越すに越されぬ大井川の場合は、東海道金谷宿と島田宿がその恩恵を大いに享受している。

川留めにより渡河できず、滞在費が嵩む事態に陥ることを大名は非常に恐れた。そうした事情は庶民にしても同じだった。

よって、大井川など架橋されていない河川が多い東海道の通行は忌避された。一方、中山道は険しい山道は多いものの、東海道に比べると街道を横切る河川が少なかったことで、川留めの危険性も少なかった。その結果、東海道よりも中山道の通行が好まれたのである。

ロ和宮の婚礼行列が中山道に変更された理由

中山道は参勤交代だけでなく、京都の皇族や公家の姫君が御台所《みだいどころ》として将軍に嫁ぐ際に使われる街道だった。姫街道の別称もあったほどだが、そのシンボルこそ悲劇のヒロインとして知られる和宮《かずのみや》である。十四代将軍徳川家茂《いえもち》の御台所として江戸城大奥に入ることを余儀なくされた女性だ。

幕末史で和宮降嫁と称される家茂との結婚の裏には、攘夷実行を幕府に約束させたい朝廷の思惑があった。降嫁とは、皇女がその身分を離れて皇族以外の者に嫁ぐことを意味する言葉である。

当時、幕府が直面する最大の課題は、自由貿易開始を意味する通商条約の締結問題だった。安政五年（一八五八）六月十九日に、幕府トップの大老井伊直弼《なおすけ》は時の孝明天皇の許し（勅許）を得ることなく、通商条約を締結した。だが、攘夷主義者で外国との貿易開始に強く反発する天皇は、幕府の対応に激怒する。

井伊の政敵たちは天皇の怒りを追い風に、勅許なしで通商条約を締結したことを激しく批判した。井伊の追い落としをはかったが、逆に弾圧を受ける。

こうして、安政の大獄が断行されたが、それは井伊の命を縮める結果をもたらした。同七年（一八六〇）三月三日に桜田門外の変が起き、井伊は非業の死を遂げる。白昼堂々、幕府の最高実力者が将軍の住む江戸城の門前で殺害されたことは、幕府の権威を著しく失墜させた。起死回生の策を迫られた幕府だが、そこで浮上したのが和宮の降嫁なのである。井伊の横死後に幕閣の中心となった老中安藤信正は朝廷との結びつきを強化することにより、幕府権威の回復を目指した。

いわゆる公武合体政策を断行しようとしたが、その切り札こそ、孝明天皇の妹和宮の降嫁だった。天皇と将軍が義兄弟となることで、幕府と朝廷の関係は改善に向かうと目論むが、これには大きな壁があった。和宮には婚約者がいたため、天皇は和宮降嫁の申し入れに難色を示す。

そこで、幕府は天皇が強烈な攘夷主義者であることに目を付ける。実現不可能ではあったものの、天皇が強く望む攘夷実行、つまりは通商条約の破棄と貿易中止を約束することで、和宮降嫁を実現しようとはかった。

勅許を得ずに条約調印を強行した幕府からの意外な申し出を受け、天皇も態度を軟化させる。万延元年（一八六〇）十月十八日、天皇は幕府に対して和宮降嫁を許可した。

和宮降嫁が公表されると、幕府に批判的な尊王攘夷の志士たちが騒ぎ出す。和宮を家茂の御台所に迎えようという幕府の本当の意図は、天皇の妹を人質に取って、天皇（朝廷）を意のままにコントロールすることにあるのではと糾弾したのだ。

そして、江戸へと向かう和宮の婚礼行列を途中で襲撃し、その身を奪う計画の風説も広まる。当初、和宮の行列は東海道を通行する予定だったが、この風説に危機感を強めた幕府は中山道の通行に変更する。

姫街道の別称もあったように、京都の皇族や公家の姫君が降嫁する際には中山道の通行が通例だが、今回のルート変更の背景には襲撃の風説のほか、もうひとつ大きな理由があった。

東海道を通行する場合、河川の増水で川留めとなる事態を懸念したのである。諸大名の参勤交代、あるいは一般の旅人でも、川留めによるデメリットを考慮して東海道よりも中山道を選択する事例が多かったことは既に述べたとおりである。東海道は川留めによって足留めを食ってしまう可能性が中山道よりも高く、そのぶん日程が遅れて費用も嵩む危険性が高かった。

これから述べていくように、和宮の婚礼行列は前代未聞の規模となる。そんな大行列であるから、川留めに遭えば、その悪影響は計り知れなかった。

こうして、和宮の婚礼行列は中山道を進むことになったのである。

ロ前代未聞の規模となった大行列

文久元年（一八六一）十月三日、和宮は祇園社に詣で、道中の安全を祈るため首途の儀を執り行った。十五日には御所に参内し、天皇に暇乞《いとまご》いをしている。

和宮が京都を出立したのは、同二十日午前八時のことである。その行列には、権大納言中山忠能《ただやす》たち公家や御付の女官が大勢供奉《ぐぶ》した。天皇も、御所から和宮の旅立ちを見送った。

和宮の行列は昼食を山科でとり、夜は近江国《おうみのくに》大津宿で宿泊した。ここまでは、東海道と中山道は同じ道であった。

いよいよ、大津宿から道を中山道に取るが、大津宿では行列を整えるため一日滞在している。行列だけで千数百人という規模だったからだ。

そのほか、沿道での警備の人数、婚礼道具などの荷物を運ぶ人足の数も加えると、全行程で総数三万人が動員された。前代未聞の規模だったが、助郷役という形で中山道筋の農村から別枠で動員された人足（農民）はこの総数に含まれていない。

二十二日、和宮の行列は大津宿を出立し、昼は草津宿で休憩した。夜は守山宿で宿泊したが、その日の昼に和宮を迎えた草津宿の対応をみてみよう。

行列が宿場に入る前、道路は改修されて砂利も撒かれた。行列が通行する直前には、砂も撒かれるという至れり尽くせりの対応だった。清浄な空間にしようという意図が透けて見える。

当日は本陣や脇本陣は言うに及ばず、商家や民家を含めて百三軒が休憩所として使われた。そこで、千数百人が昼食をとったわけだ。

千数百人もの行列が通行するとなると、何かと人足や馬が必要である。和宮の行列が草津宿を休憩・通過する前々日、前日、当日、翌日の四日間に助郷役として動員された人足は、なんと一万人にものぼった。調達された馬も五百疋に達した。人馬を調達したのは草津宿周辺の村だが、助郷役とは街道筋の村が自己負担で提供する人馬のことである。和宮の行列の通行が宿場周辺の村々に重い負担を課していたことがよくわかる数字だ。

宿場の負担も重かった。中山道太田宿で使われた人馬や宿泊用の諸道具を列挙すると、次のとおりになる。

人足七千八百五十六人、馬二百八十疋、布団七千四百四十枚、枕千三百八十個、飯椀八千六十人前、汁椀五千二百十人前、膳千四十人前、皿二千百十人前などが用意されている。こうした物品を運ぶ人足も大勢必要であり、動員される人足は自然と膨れ上がってしまうのだ。

宿場や街道筋の農村に多大な負担をかけながら、中山道を進んだ和宮の行列が江戸に入ったのは十一月十五日のことである。江戸城清水門近くに立つ徳川御三卿のひとつ清水家の屋敷に入り、大奥輿入れの日を待った。

これほどの大行列でありながら、京都から江戸まで一カ月ほどの行程であり、順調なペースだったと言えるだろう。東海道を通行していれば川留めに遭って、江戸入りが大幅に遅れる危険性は高かったに違いない。

翌二年（一八六二）二月十一日、江戸城で家茂と和宮の盛大な婚儀が執り行われた。念願の公武合体を果たした幕府だが、その命脈は五年ほどで尽きてしまうのである。

6

甲州街道最大の宿場
内藤新宿は
なぜ復活したのか

新宿三丁目交差点はかつて「追分」と呼ばれていた　　写真：アフロ

甲州街道

甲州街道は江戸幕府の緊急避難ルートとしての重要性を持っていた

ロ江戸と信州を結んでいた甲州街道

五街道のひとつに数えられる甲州街道は江戸と甲州（甲斐国）を結ぶ街道のイメージが強いが、参勤交代で常に利用したのは信濃国の大名であった。諏訪（高島）藩、高遠藩、飯田藩の三家である。

江戸時代、甲斐国に大名が置かれたのは一時期に過ぎず、天領という名称で知られる幕府領の期間が大半だった。そのため、甲州街道を利用したのは隣国の信州の大名だけとなる。

甲州街道は武蔵国、相模国、甲斐国そして信濃国を走る街道で、全部で四十五宿あった。江戸から数えて四十二番目の宿場・教来石《きょうらいし》宿を出ると、甲斐国から信濃国に入る。蔦木宿、金沢宿、そして上諏訪宿が最後の宿場だった。その後、隣の下諏訪宿で中山道に合流し、甲州街道は終わる。甲州街道は中山道の脇街道のような顔も持ったため、本来は中山道を通行するはずの信濃国の大名も甲州街道を利用することがあったわけだ。

江戸開府当初、幕府はそんな甲州街道を有事の際の軍事道路として位置付けていた。江戸城に危機が迫った時、将軍が甲斐国に撤退する道として想定したのである。具体的には、甲府城での籠城を念頭に置いていた。

泰平の世に入ると、甲州街道は産業道路として賑わうようになり、内藤新宿という宿場町も新たに生まれた。内藤新宿は一時廃宿の憂き目に遭ったものの、その後宿場再興を成し遂げ、繁栄の道をひた走る。大都会新宿につながる繁華街への歩みがはじまる。

甲州街道が生みの親となった内藤新宿再興の背景を、江戸幕府の交通行政の視点から解き明かしていく。

ロ甲州街道に配置された幕臣団

天正十八年（一五九〇）七月、徳川家康は北条氏の滅亡を受けて関東の過半を支配する大名となった。江戸城を居城に定めた家康は、その西側にあたる現在の千代田区麴町・番町地域に旗本の精鋭を配置した。さらに、その西側にあたる新宿区四谷・新宿や港区青山にも旗本・御家人を配置している。江戸開府後は、将軍への謁見資格がある幕臣が旗本で、その資格を持たないのが御家人となる。

これには江戸城西方の防衛を強化したい狙いがあったが、その間を走っていたのが甲州街道である。徳川家の直属家臣団が甲州街道を中心にびっしりと配置されたことになる。

甲州街道は内藤新宿を過ぎると、高井戸宿、布田《ふだ》五宿（国領・下布田・上布田・下石原・上石原宿）、府中宿、日野宿と続いたが、その周辺には直属家臣団の所領が広がっていた。日野宿の次は八王子（横山）宿だが、八王子には戦国大名武田氏の遺臣団を千人同心として土着させる。いわゆる八王子千人同心である。

家康が八王子を重視したのは、北条氏が重要拠点としたことが大きい。新領主の家康による支配に抵抗してその遺臣たちが蜂起する恐れがあったため、千人同心を土着させて鎮撫にあたらせた言い伝えが残されている。

また、甲斐から江戸に向かって大軍が攻めのぼろうとしても、千人同心が近くの小仏峠を死守して三日は持ちこたえるであろう。その間に府中宿近くを流れる多摩川に軍勢を集結させれば、多摩川を突破されて江戸に攻め込まれることはないという家康の深謀遠慮も、『桑都《そうと》日記』には記録されている。

当時、甲斐の甲府城には秀吉子飼いの武将が配置された。家康の動きを封じ込めたい狙いがあったが、八王子への千人同心配置にはその対抗策の側面もあった。

家康が天下人となって江戸に幕府を開くと、甲斐には腹心の平岩親吉《ちかよし》を甲府城代として送り込む。甲斐は山や谷が多く、守るに易く攻めるに難い天険の地だった。そのため、江戸城に危機が迫って退去を余儀なくされた時は、甲斐に撤退して立て籠もる構想が家康にはあったと伝えられる。その場合、甲州街道は甲府城への退路となる。再起を期して江戸に攻めのぼる時は進撃路となるだろう。

甲州街道は幕府にとり重要な軍事道路であった。江戸から八王子まで、甲州街道沿いに軍事力を集中させたことは、それを何よりも示している。

しかし、幕府の礎が固まって社会が安定し、江戸が将軍のお膝元として発展すると、甲州街道の役割も変わるのである。

■内藤新宿の開設

江戸開府から約百年を経過した元禄の頃、江戸は人口百万を超える都市になろうとしていた。江戸近郊には都市化の波が押し寄せるとともに、甲州街道が通過する武蔵野地域や多摩地域では農地の開拓が進む。大消費都市に変貌した江戸の需要を目当てに、生活物資の増産が著しかった。

甲州街道は江戸の胃袋を満たす食料などを供給する街道として物資の流通が活発化するが、それに伴い、ある問題点が浮上してくる。

幕府は街道に宿場を約二里（八キロメートル）ごとに置く方針を取っていた。もともと、公用で通行する幕府の役人に人馬や宿泊・休憩所そして物品を提供するため宿場は設定されたが、人や物資の流れを円滑に進めるためにも街道には宿場が不可欠だった。

ところが、甲州街道の場合、江戸を出て最初の宿場は高井戸宿であり、その距離は四里以上もあった。他の五街道は江戸から約二里の距離に品川宿や板橋宿、千住宿が置かれたが、甲州街道には本来宿場が置かれるべき場所に、江戸開府後百年近くも宿場がなかった。公用通行にも支障が出ており、幕府の交通行政の不備は否めなかった。民間の物流にも支障が生じただろう。

元禄十年（一六九七）、これに目を付けた浅草の商人高松喜兵衛たちは、江戸・高井戸宿間に宿場を開設したいと幕府に願い出た。翌十一年（一六九八）六月、高松たちは五千六百両を上納する条件で、江戸から約二里の距離にあたる場所への宿場新設を認められる。幕府からは宿場予定地として、甲州街道に面する内藤家中屋敷の一部や旗本屋敷が与えられた。

早速、高松たちは宿場町の造成に取りかかる。道幅が五間半（約十メートル）に広げられたうえで、街道の両側に町が造成された。その規模は約二万坪にも及んだ。

ここに、内藤新宿は甲州街道のみならず、五街道最後の宿場として開設された。宿場の名称が内藤新宿となったのは、この辺りが内藤宿と呼ばれていたことに由来する。

甲州街道の交通量が増大するに伴い、この地には休泊施設が設けられ、宿場の顔を持つ集落が形成されていた。やがて、誰言うともなく、内藤宿と呼ぶようになるが、内藤家の屋敷が甲州街道に隣接していたことが名称の由来だった。そんな由来を踏まえ、新設された宿場という意味で内藤新宿と名付けられたのである。

ロ大金を上納してまで開設を願い出た背景

以後、内藤新宿は急成長を遂げるが、なぜ高松たちは五千六百両もの大金を上納する条件を呑んで、宿場を新設したのか。幕府の交通行政の不備を補うため、義侠心だけでそんな大金を上納したとは考えられない。

本当の狙いはどこにあったのか。新宿と同じ地理的条件に置かれた東海道品川宿の様子からその真意を推しはかってみたい。

品川宿は東海道最初の宿場だが、江戸から二里という近距離に位置したため、実際に宿泊する者は少なかった。当時は旅に出れば、一日に約十里歩くのが普通であった。

そのため、大名にしても参勤交代で品川宿に宿泊することはなく、休憩所としての利用にとどまる。江戸から国元に向かう場合は品川宿の先で泊まり、国元から江戸に向かう場合は品川宿を通り越して江戸屋敷に泊まった。そうした事情は庶民も同じである。

宿場町というと街道を旅する旅人を旅籠屋に泊める町のイメージが強いが、品川宿のように江戸に近い宿場町の場合はそのイメージに収まり切れない面があった。すなわち、江戸の住人が日帰りできる江戸近郊の行楽地、歓楽街としての顔を持った。飲食や娯楽が楽しめる町として賑わった。

こうした実情を踏まえると、高松たちは江戸近郊に新たな行楽地、歓楽街を造成する目論見のもと、宿場の新設を願い出たのではないか。実現の運びとなれば多額の上納金という投資も日ならずして回収でき、利潤が期待できると見込んだ。実際、内藤新宿は歓楽街として非常に賑わう。

◘旅籠屋に置かれた飯盛女

宿場町に店を構えた商人はバラエティーに富んでいた。内藤新宿でみると、旅人が宿泊する旅籠屋、休憩や食事のため立ち寄る茶屋。食べ物を提供する煮売り屋、うどん屋。食料品を扱う米屋、酒屋、醬油屋、豆腐屋、水菓子屋、飴屋、青物売り。衣料品を扱う古着屋、足袋屋、股引屋が立ち並んでいた。大工・左官・桶屋・差物屋などの職人も宿場の住人だった。

ここで注目したいのは、飯盛女と呼ばれた女性を置いた旅籠屋である。表向きは宿泊客に御飯を盛る役目の女性とされたが、その裏で遊女として働いた。

幕府は遊郭吉原以外での遊女商売は認めないスタンスを取っていた。旅籠屋での遊女商売も認めなかったが、給仕の女性を飯盛女という名目で置くことは容認する。すなわち、旅籠屋が遊女として働かせることは見て見ぬふりだった。

旅籠屋に必ず飯盛女が置かれたわけではない。飯盛女のいない旅籠屋（平《ひら》旅籠屋と呼ばれた）もあったが、飯盛女を置くことで繁盛したのは否定できない。ひいては、宿場の繁栄にもつながっていた。江戸に近い宿場町は飲食や娯楽を楽しめる歓楽街として賑わったが、その牽引役こそ飯盛女を抱える旅籠屋なのである。

宿場の運営は、旅籠屋や茶屋から徴収する役銭で支えられた。いわば営業税のようなものだが、なかでも飯盛女を抱える旅籠屋が納める役銭は多額だった。それだけ利益を上げたが、飯盛女の揚げ代が原資となっていた。

宿場で遊女商売を営んだのは旅籠屋だけではない。茶屋も給仕する女性を遊女として密かに働かせた。飯盛女とともに宿場を陰で支える存在だった。

吉原以外では禁止された遊女商売が宿場町では横行していたが、幕府から遊女商売の独占を許された吉原からすると、そうした実態は営業妨害以外の何物でもない。特に江戸四宿と総称された東海道品川宿、中山道板橋宿、日光（奥州）街道千住宿、そして甲州街道内藤新宿は江戸から約二里という近距離に位置し、強力な商売敵だった。吉原は江戸四宿での遊女商売を絶えず注視し、幕府に取締りを強く求めた。

■新宿の廃宿と再興運動

内藤新宿が開設されたのは元禄文化が花開いた五代将軍綱吉の時代であった。そんな華やかな時代を背景に繁栄したが、八代将軍吉宗の時代に入ると、幕府は風紀の統制に熱心になる。質素倹約を励行するとともに、歓楽街には厳しい姿勢をもって臨んだが、特に遊女商売の取締りには力を入れた。

その象徴が享保三年（一七一八）十月の内藤新宿の廃宿である。町の存続は認めたものの、宿場としての機能を停止させてしまう。遊女商売の摘発に熱心だった幕府が、見せしめとして廃宿の処分を下したのだ。

それだけ飯盛女による遊女商売が目に余ったのだろうが、これは内藤新宿だけの問題ではない。他の宿場でも同様だったが、新宿は宿場としての歴史が短かったことが不利に働いた。幕府からすると、新しい宿場であったことで廃止しやすかったようである。

同じ十月、幕府は飯盛女の数に制限を加えると布告した。飯盛女の増加を受け、江戸日本橋から半径四十キロ（十里）以内の宿場では旅籠屋一軒につき二名までと定める。品川宿など江戸近郊の宿場が狙い撃ちにされた格好だった。

飯盛女を抱えることで旅籠屋は利益を上げ、宿場は繁栄した。だが、飯盛女の数が制限され、遊女商売の摘発が厳しくなれば、いきおい旅籠屋は売り上げを落とす。宿場の景気は沈滞化する。旅籠屋からの役銭も減って宿場の運営まで苦しくなった。

内藤新宿に至っては廃宿を命じられたことで、町が大打撃を被る。旅人を泊められない以上、旅籠屋は廃業せざるを得ない。その多くは煮売り商いなど飲食業に転業した。町での商売に見切りをつけ、新宿を去った者も多かった。

廃宿後も、幕府は取締りの手を緩めなかった。享保五年（一七二〇）七月、旅籠屋から煮売り商いに転業していた三十人が、旅人はもちろん、親類であろうと宿泊させない、泊める場合は届け出るという内容の証文を幕府の指示に従って提出している。親類と偽って泊めた事例がみられたようだ。七年（一七二二）四月には、飯盛女や遊女に似たような女性を置いている店はないかと吟味を受けている。

幕府は廃宿後も目を光らせたが、新宿側も泣き寝入りしてはいない。八年（一七二三）七月には、宿場の再開を願い出る。

廃宿により、旅人を相手に生計を立てていた町人たちは家業を奪われた。旅籠屋だけでなく、荷物の運送に携わっていた業者や人足たちも仕事を失った。そのため、町は不景気となり困窮しているとして、宿場の再興を願った。

しかし、新宿の嘆願は認められなかった。その後半世紀ほど、雌伏の時代を余儀なくされる。

□新宿の復活

新宿とともに江戸四宿に数えられた品川宿では、旅籠屋一軒につき飯盛女は二名が上限と定められたものの、実際のところは二名を超える事例が少なくなかった。宿泊客を増やすため、一人でも飯盛女を増やしたいのが旅籠屋の本音だった。

しかし、ライバルの吉原からすると、そんな現状を黙って見過ごすわけにはいかない。吉原からの訴えを受けて、幕府の役人が規則違反の旅籠屋に踏み込む事例は後を絶たなかった。

それだけ品川宿は追い込まれたわけだが、飯盛女が宿場の賑わいを支える構造は板橋宿・千住宿も同様で、窮地に陥っていた。廃宿となった新宿に至っては、町が寂れる一方であった。

そんな品川・板橋・千住宿の窮状を受け、幕府はある政治判断を下す。明和七年（一七七〇）八月に、それまでの方針を覆して飯盛女の大幅な増員を認めた。

当時、品川宿の旅籠屋は八十〜九十軒、板橋宿は七軒、千住宿は二十三軒だった。その倍の数しか飯盛女を置けなかったが、品川宿は五百人、板橋・千住宿は百五十人まで置くことを許す。品川・千住宿は約三倍、板橋宿に至っては一躍十倍を超える増員が認められた。

幕府が飯盛女の増員を許可したのは、三宿の財政悪化が役人の公用通行に支障をきたすのを恐れたからだ。幕府役人が公務で出張する際、荷物を運んだりする人足や馬は宿場が負担したが、当時は公用通行が増大し、このままでは人馬を提供する三宿が負担に耐え切れなくなる事態が想定された。それだけ、幕府役人が江戸と近郊を行き来していた。

しかし、飯盛女の増員を認めることで旅籠屋の売り上げが増せば、そのぶん宿場の財政は好転する。負担増に耐えられるという読みのもと、従来の方針を変更したのである。

幕府からの飯盛女増員の通達は三宿をして驚喜させる。だが、商売敵の吉原にとっては晴天の霹靂《へきれき》でしかなかった。

同九年（一七七二）には、内藤新宿も宿場町として復活を遂げる。これにより新宿には旅籠屋が復活し、飯盛女を置くことも可能となった。新宿の再興を認めることで、公用通行に伴う高井戸宿の負担を軽減させたい幕府の狙いがあった。

新宿が廃宿となる前、高井戸宿は高井戸・新宿間の公用通行に必要な人馬を提供していたが、廃宿後は高井戸・江戸間となる。運送距離が二里から四里に増え、負担も倍増した。しかし、新宿の再興により運送距離が半減されたことで、そのぶん負担は軽減された。

本来ならば、幕府が助成金を宿場に出せればよかったが、財政難を背景に、それは夢のまた夢だった。よって、飯盛女の増員許可という形で三宿を助成し、負担増に耐えさせようとした。甲州街道については、新宿の再興により高井戸宿を助成した。

宿場再興を許された新宿は再び繁栄への道を歩む。そのはるか先には現在の大都会新宿が待っていたのである（安宅峯子『江戸の宿場町新宿』同成社）。

7

なぜ上杉謙信は北国街道を整備したのか

しなのの野ぼとけ（長野県）　軽井沢・追分宿にある分去れの道標
右は北国街道、左は中山道に分かれる

写真：アフロ

北国街道

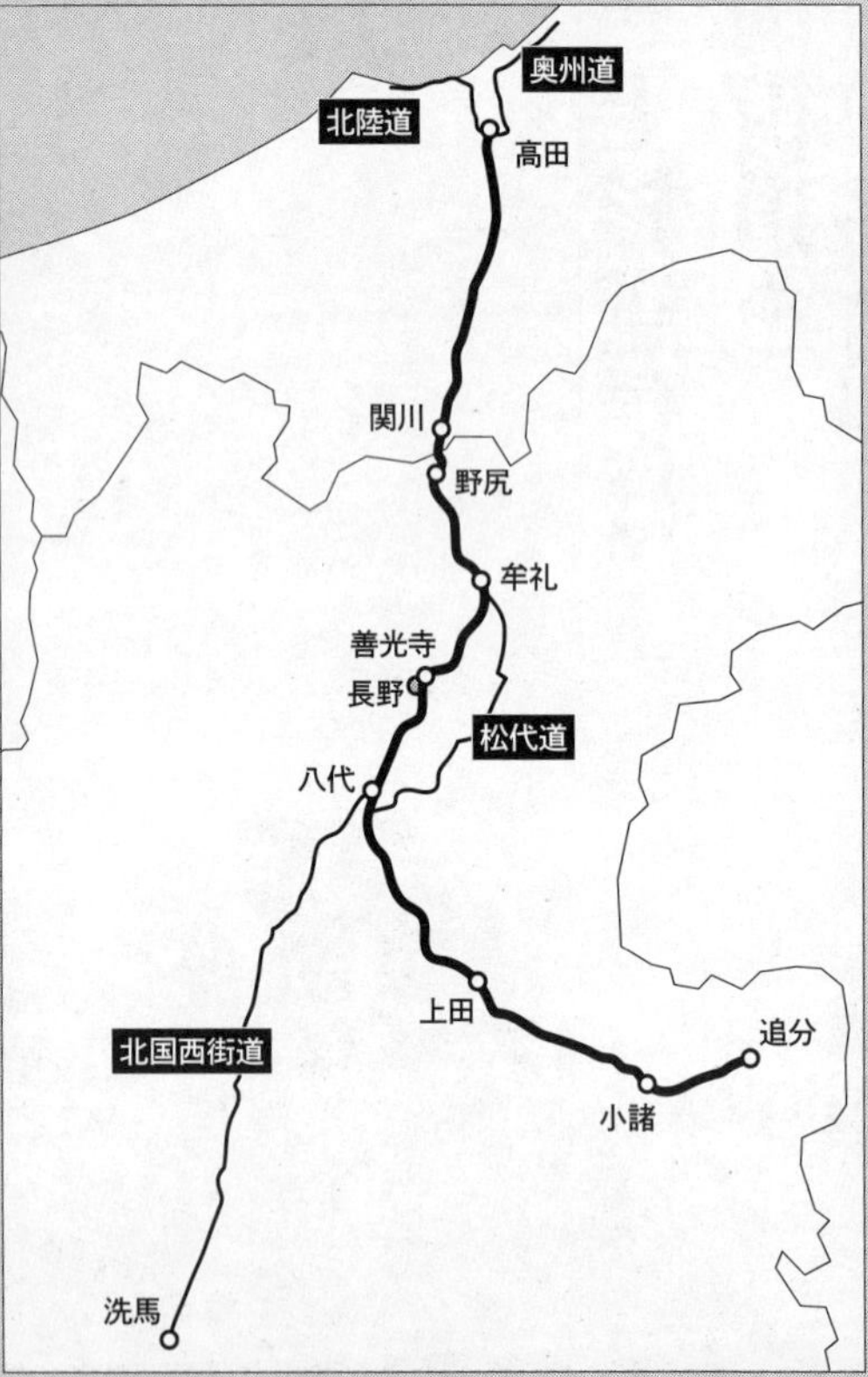

中山道と北陸道を結ぶ街道で、善行寺街道とも呼ばれる

ロ北陸と中山道を結ぶ街道

北国《ほっこく》街道とは北陸と本州の中央部を結ぶ街道である。北陸と信濃を結ぶ街道と、北陸と近江・美濃を結ぶ街道の二つがあったが、前者の北国街道を整備した人物こそ、越後の戦国大名上杉謙信だった。その目的は隣国の信濃を掌中に収めることにあった。

北国街道は上杉氏の居城が置かれた越後春日山から信濃に入ると、善光寺、篠ノ井追分、戸倉、上田、小諸と進み、追分で中山道と合流する。中山道を東に進めば、碓井峠を経て関東に入ることができた。西に進めば、京都となる。北国街道の整備からは謙信のさらなる野望が透けてくる。

江戸時代に入ると、北国街道は幕府の財政を支える大量の金や銀を運ぶ道となった。佐渡金山で産出された金銀が北陸道から北国街道を経由し、その後中山道を通って江戸まで運ばれたからである。

また、加賀藩をはじめとする北陸の大名は参勤交代で北国街道を利用することが多かった。善光寺への参詣道として、江戸からの参詣者を大勢呼び込んだ街道でもあった。

北国街道は中山道に合流する街道だったことで、北陸と江戸の距離を近づける役割を果たしていた。その半面、軍事上の目的で整備した謙信の本来の意図は見えにくくなったことは否めない。

北国街道を通して、版図拡大を目指した謙信の戦略を解き明かす。

ロ長尾景虎の登場と関東管領上杉氏の凋落

かつて、謙信は長尾景虎という名前であった。享禄三年（一五三〇）に越後守護代長尾為景の子として生まれるが、当初は家督を継ぐ立場にはなかった。天文九年（一五四〇）、兄の晴景が長尾家の家督を継ぐ。

だが、翌十年（一五四一）に父為景が死去すると、晴景の力量では国内に割拠する長尾一族をまとめられないことが露わとなる。国内は混乱した。そこで越後を支配する守護上杉定実《さださね》仲介のもと、弟の景虎が家督を継いで守護代に就任する。天文十七年（一五四八）のことであり、春日山城を居城とした。

その後、十九年（一五五〇）に守護の定実が跡継ぎなく死去したため、景虎は名実ともに国主の座に就いた。越後に君臨する戦国大名となる。二十年（一五五一）には景虎と対立していた一族の長尾政景が帰順し、長尾一族をまとめることにも成功する。

一方、主君筋にあたる関東管領《かんれい》の上杉憲政は関東平定を進める北条氏康に追い込まれ、景虎に救援を要請するほどの窮地に陥っていた。

戦国時代に入る前の室町時代、越後は関東を支配する鎌倉府の管轄下にあった。室町幕府初代将軍の足利尊氏は京都に幕府を置いたが、関東の統治については別に鎌倉府を設置している。息子基氏を鎌倉公方として派遣し、その子孫に世襲させた。

京都の将軍のもとで幕府の政務を執ったのは、守護大名の細川・畠山・斯波《しば》の三氏のなかから任命された管領である。鎌倉府では守護大名の上杉氏が関東管領に任命された。関東管領は京都の管領とは違って上杉氏が独占し、山内《やまのうち》上杉氏、扇谷《おうぎがやつ》上杉氏、犬懸《いぬかけ》上杉氏など、上杉一族のなかで交代して務めた。

上杉氏は武蔵・相模・上野など関東各国の守護のほか、越後の守護も兼ねた。越後の場合、地元の有力領主長尾氏を守護代に任命して同国の統治を委託したが、当時は長尾氏が実権を握っており、守護はお飾りの存在に過ぎなかった。まさしく下剋上が起きていた。

戦国時代に入ると、関東管領の上杉氏は鎌倉公方足利成氏との対立に加え、一族の内紛そして北条早雲の名で知られる伊勢宗瑞の台頭により、勢威を失う。天文十五年（一五四六）には河越城の戦いで早雲の孫北条氏康に大敗し、衰退の一途をたどった。

武蔵国を掌中に収めた氏康の次なる狙いは、関東管領上杉憲政が守護を務める上野国であった。北条氏の攻勢は激しく、同十八年（一五四九）に憲政は越後守護代となったばかりの景虎に救援を要請している。

二十二年（一五五三）正月、ついに憲政は上野を脱出して、景虎のもとに走った。関東に出陣して北条氏を駆逐するよう求めたが、その要請に景虎は応えることができなかった。

信濃平定を進める武田信玄が北国街道を北上する形で越後に接近しつつあった。信玄の脅威が迫っており、関東出陣は後回しにせざるを得なかったのである。

ロ武田信玄と景虎の信濃侵攻

景虎より九歳年上の信玄が甲斐の守護武田氏の家督を継いだのは、天文十年のことであった。武田氏は信玄の父信虎の代に国内の統一を果たし、甲斐一国を支配する戦国大名となる。

ところが、その施政に不満を持つ重臣たちがクーデターを起こす。信虎を当主の座から引きずり下ろして追放し、嫡男の信玄を擁立した。これにより、信玄は家督を継いで甲斐の国主となったのである。

晴れて甲斐の戦国大名となった信玄は隣国の信濃に目を付ける。信濃では武田氏と同じ甲斐源氏の流れを汲む小笠原氏が守護を務めていたが、国内は混乱し、群雄割拠の状態にあった。

まず、信玄は諏訪氏が支配する諏訪郡に狙いを定める。翌十一年（一五四二）、信玄は諏訪氏の内紛に乗じて軍勢を送り込み、諏訪郡の東半分を奪った。その後も出兵を繰り返し、諏訪郡の平定に成功する。

信玄は諏訪郡を拠点に信濃への侵攻を進め、安曇《あづみ》・筑摩郡などを支配する信濃の守護小笠原長時や小県《ちいさがた》郡などを支配する村上義清との戦いに入っていく。十七年（一五四八）二月の上田原の戦いで信玄は義清に大敗するが、七月の塩尻峠の戦いでは長時に勝利を収めた。十九年（一五五〇）七月の林 城《はやしじょう》の戦いでも長時に勝利し、残る難敵は義清のみとなる。

同年九月、信玄は義清の属城砥石城の攻略に失敗し、再び苦渋を嘗《な》めた。しかし義清は、二度にわたって信玄を破ったものの、結局はその攻勢を凌ぎ切れなかった。二十二年四月、居城の葛尾《かつらお》城を捨てて景虎のもとへ逃げ込む。

こうして、信玄は信濃国の大半を版図とした。その平定は目前となるが、信濃の戦乱は終わらなかった。義清をはじめ信玄に所領を奪われた北信濃の領主たちの要請を受け、景虎が信濃に侵攻してきたからである。

北信濃を制圧しつつあった信玄を駆逐することは、景虎にとり焦眉の急となっていた。春日山城がある越後頸城《くびき》郡は北信濃に隣接しており、このままでは居城春日山城が危機に晒されるのは時間の問題だった。

時系列でみると、上杉憲政が景虎のもとに逃げ込んだのが二十二年正月で、四月に義清が逃げ込んできたことになる。憲政は関東出陣、義清は信濃出陣を求めたが、春日山城との距離関係からみれば、信玄の方が脅威だった。よって、景虎は信濃出陣を優先させ、関東出陣は後回しにしたのである。

同年八月、景虎は信濃への侵攻を開始し、布施の地で武田勢と合戦に及んだ。布施は現在の川中島一帯を含む地域にあたっており、ここに五次にわたる川中島の戦いの火蓋が切って落とされる。

以後、主に川中島地域を戦場として一進一退の攻防が続く。景虎は信濃への出兵を繰り返すが、その過程で春日山から北信濃に至る道路が整備された。軍事道路として整備することにより、軍兵を迅速に信濃へ送り込もうと目論むが、その道路こそ北国街道なのであった。

◻小田原攻めと上杉謙信の誕生

北国街道を経由して信濃に攻め込んだ景虎だが、帰国すると再び武田勢が巻き返しに出てきた。そのため、弘治元年（一五五五）四月に再び信濃へ攻め込む。景虎は善光寺近くに布陣したが、既に信玄も善光寺近くに布陣していた。両軍は犀川《さいがわ》を挟んで睨み合う。

この第二次川中島の戦いは七月に合戦があったものの、それ以外は両軍とも兵を動かさなかった。双方、長期にわたる滞陣を強いられたが、信玄の義兄にあたる駿河の戦国大名今川義元が間に入る形で和睦となる。信玄からの働きかけを受けた対応だった。同年閏十月、両軍は川中島から兵を退いたが、その後も信玄は北信濃への侵攻を止めなかった。

三年（一五五七）二月、景虎は三度目の信濃出陣に踏み切る。善光寺近くに陣を構えた後、武田勢を駆逐しながら南下していった。併せて、追分に至る北国街道の整備を進めたのだろう。

第三次川中島の戦いでは、八月に景虎と信玄が川中島近くの上野原で合戦に及んだが、勝敗はつかなかった。やがて両軍とも軍勢を退く。

北信濃での景虎と信玄の戦いは一進一退の攻防が続いたが、景虎が一向に関東へ出陣しようとしなかったことに上杉憲政は大いに不満であった。景虎も憲政の要請をいつまでも後回しにはできず、永禄三年（一五六〇）に至って関東への出陣を決意する。

八月二十九日、景虎は憲政を擁して春日山城を出陣した。三国《みくに》街道を経由して上野国に入った景虎は、北条氏の属城となっていた沼田城などを次々と陥落させる。その勢いをみた上野の領主たちは景虎のもとに続々と駆け付け、雪だるま式に軍勢は増えた。景虎が憲政を擁していたことで、かつて関東を支配した管領上杉氏のブランド力の大きさが示された格好だった。

上野の厩橋《まやばし》城で年を越した景虎は翌四年（一五六一）二月下旬に出陣し、北条氏の居城小田原城を目指した。北条氏に反感を持つ関東の諸将が加わったことで、その数は数万人にも膨らむ。一方、河越城に入っていた氏康はその勢いをみて決戦を避け、小田原城に引き揚げる。

三月下旬より、景虎は小田原城の攻囲を開始するも、氏康は徹底した籠城戦で対抗した。さしもの景虎も小田原城の攻城を諦めざるを得なかった。

実は、攻城側では兵糧不足が深刻化していた。よって、景虎に加勢した関東の諸将たちが城の包囲を解くよう強く求めた裏事情もあった。帰国を望んでいたのだ。加勢の諸将は家臣ではなく友軍に過ぎなかったため、その意向は無視できない。景虎は攻城を断念する。

一カ月ほどで小田原城の包囲を解いた景虎は、鎌倉府が置かれていた鎌倉に向かう。憲政の懇望に応えて上杉姓と関東管領職を継いだ景虎は、鶴岡八幡宮で管領の就任式を執り行った。閏三月のことである。

この時、景虎は憲政から一字を貰い、長尾景虎から上杉政虎に改名している。その後、将軍足利義輝からも一字を貰ったため輝虎と再改名したが、以下法名の謙信で記述を統一する。上杉謙信の誕生だった。

関東管領の就任式が終わると、謙信のもとに馳せ参じた関東の諸将は帰国し、謙信も厩橋城に引き揚げた。三国街道を経由し、六月二十八日に春日山城へ戻っている。

ロ四度目の川中島の戦い

謙信が小田原城の囲みを解いて帰国の途に就いた背景としては、氏康の頑強な抵抗、帰国を望む加勢の諸将に対する配慮のほか、信玄の動きを非常に危険視したことも挙げられる。信玄は謙信が越後を留守にする間に、軍勢を北信濃に集結させて越後に攻め入る構えをみせていた。

当時、同盟関係にあった武田氏と北条氏は共通の敵・謙信を倒すため連携した行動を取っており、今回の動きもその一環であった。信玄は善光寺近くに海津城を築き、越後へ攻め入る前線基地とした。

春日山城に戻った謙信は、八月半ばに入ると大軍を率いて出陣した。四度目の信濃出陣では千曲川を越えて、海津城を指呼《しこ》の間《かん》に臨む妻女山に布陣する。謙信出陣の報に接した信玄も甲府を出陣し、海津城に入った。しばらくの間、睨み合いが続く。

九月十日、ついに両軍は八幡原《はちまんぱら》で激突する。信玄と謙信が一騎打ちしたと伝えられる第四次川中島の戦いだ。双方多数の死傷者を出し、戦いは痛み分けに終わる。

両軍とも帰国の途に就いたが、越後に引き揚げた謙信は休む間もなく、十一月には再び関東へ出陣する。謙信が越後に引き揚げた後、北条氏による反攻が関東で展開されていたからである。

こうして、謙信は関東各地で北条氏との戦いに明け暮れる。以後、毎年のように関東への出陣を繰り返した。

室町幕府から関東統治を委任された関東管領として、管領職の家柄である上杉氏を追い出す形で関東に覇を唱える北条氏の存在は認められない。北条氏を討伐し、上杉氏が関東を統治する時代に戻さなければならない。そんな使命感から、謙信は関東出陣を繰り返した。

永禄七年（一五六四）七月には五度目の信濃出陣を行った。信濃侵攻中の武田勢に加え、上野にも食指を伸ばす武田勢を駆逐するための出陣だった。北国街道は追分で中山道につながっており、東に進軍すれば碓氷峠を越えて上野に入れたことは先に述べたとおりである。

八月三日、謙信は川中島に陣を構えた。第五次川中島の戦いがはじまるが、この時は睨み合いだけで合戦には至らなかった。十月一日に陣を引き払い、帰国の途に就く。

□謙信死後の信濃

五度にわたって信濃に出陣したにもかかわらず、謙信は武田勢を駆逐できなかったが、信玄が駿河侵攻に重点を置くようになると、両者の戦いは鎮静化する。謙信にしても、関東に加えて隣国越中への侵攻を繰り返すようになった。元亀四年（一五七三）四月十二日に信玄が死去した後も、それは変わらなかった。

天正六年（一五七八）三月十三日、謙信は春日山城で死去する。その後、跡継ぎのいなかった謙信の後継をめぐって家中を二分する御家騒動が起き、越後国内は大混乱に陥る。「御館《おたて》の乱」である。謙信の養子景虎と謙信の甥景勝の間で激しい戦いが繰り広げられた結果、景勝が勝利する。景虎は自害して果てた。

当時、武田氏は信玄の四男勝頼が跡を継いでいたが、御館の乱で景勝に加勢したことをきっかけに、上杉・武田両氏は同盟関係となる。景勝は勝頼の妹を正室に迎え、その関係を強化した。

しかし、十年（一五八二）三月十一日に織田信長が武田氏を滅ぼすと、勝頼と同盟関係にあった景勝は窮地に立たされる。既に信長とは交戦状態にあり、配下の柴田勝家が越中、森長可《ながよし》が信濃、滝川一益《かずます》も上野から越後に攻め込む構えをみせていた。

織田勢に包囲された景勝は絶体絶命の状況に追い詰められる。武田氏に続いて上杉氏の滅亡も時間の問題だったが、六月二日の本能寺の変で信長が横死すると、織田勢は越後に攻め込むどころではなくなる。

九死に一生を得た景勝は北国街道を経由して、謙信が信玄と争奪戦を繰り広げた北信濃に攻め込む。形勢不利を悟った長可は本拠地の美濃へ逃げ戻り、景勝は北信濃のうち川中島四郡の制圧に成功する。更級・埴科《はにしな》・高井・水内《みのち》の四郡だ。

勢いに乗る上杉勢はさらに南下し、小県・佐久郡の掌握も目指した。その際にも北国街道を大いに活用しただろう。

だが、信濃を狙っていたのは景勝だけではなかった。本能寺の変による旧武田領の混乱を受けて、北条氏直や徳川家康も信濃への侵攻を開始したため、上杉、北条、徳川三つ巴の戦いへと発展していく。北国街道には軍勢が激しく行き交った。

戦国時代が終わるまで、謙信が整備した北国街道は軍事道路として大いに利用されたのである。

8

街道輸送の主力だった馬が街道名になった中馬街道

塩の道の前山百体観音　千国街道　　写真：アフロ

中馬街道

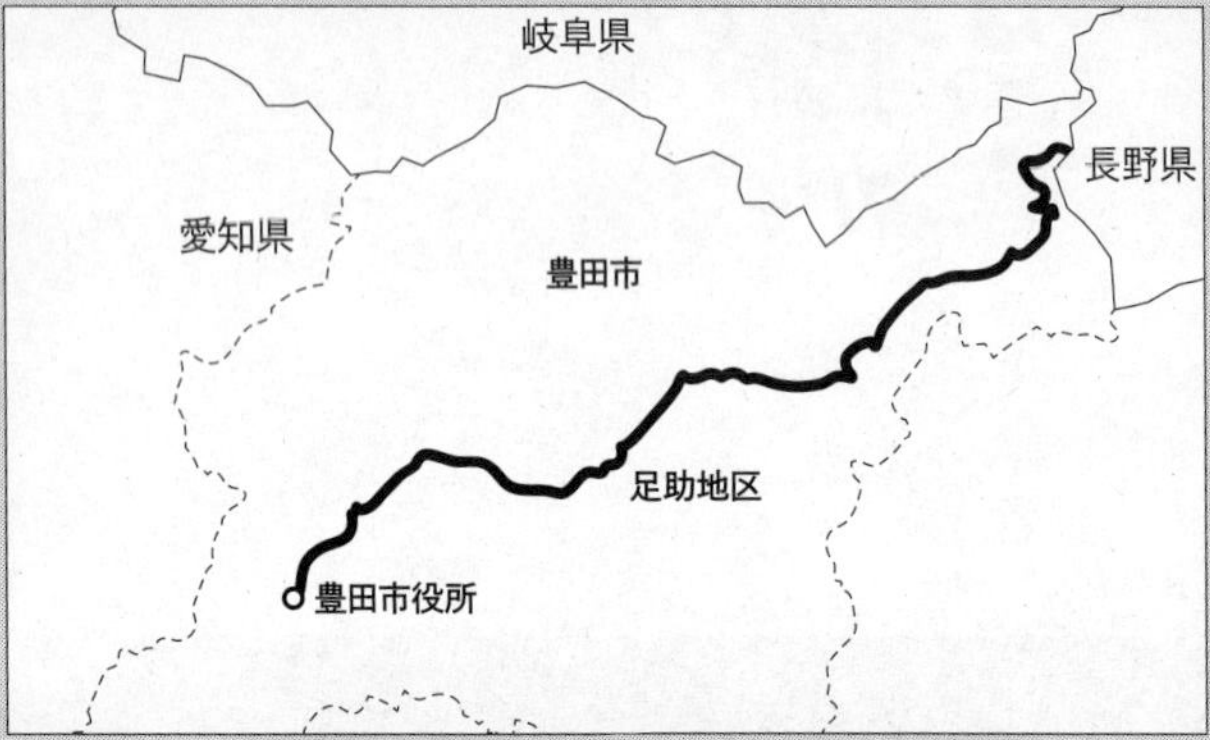

「塩の道」といわれ、足助地区を通る中馬街道（愛知県）

■陸上輸送の主力は馬だった

江戸時代まで、街道輸送の主力は馬だった。人力よりも馬力の方が重い物を運べたからである。

馬で荷物を運ぶ場合は「駄」という単位で計算された。駄とは馬一疋に背負わせる重量のことで、江戸時代では三十六貫あるいは四十貫を一駄と規定した。キログラムに換算すると、百三十五〜百五十キログラムになる。

鎌倉時代頃から、馬を使って物資を運ぶ専門の輸送業者が登場し、馬借《ばしゃく》と呼ばれるようになる。京都に隣接する近江の大津や坂本、あるいは京都や奈良の入り口といった交通の要地に集団で住み、商業にも従事した。

物資の輸送を担ったことから、社会への影響力は強かった。室町時代に入ると、馬借が団結して幕府に要求を呑ませることも珍しくなくなる。農民たちが年貢の減免や徳政令を幕府に要求する「土《つち》一揆」が起きた際にも、その先頭に立った。

合戦の際にも、軍需物資などの輸送に馬は欠かせなかったが、泰平の世の江戸時代に入ると、陸上輸送の主力として経済の繁栄を下支えした。

それに伴い、かつて馬借と呼ばれた運送業者が全国各地で力を持つようになる。なかでも、内陸部の信濃では「中馬《ちゅうま》」と呼ばれた運送業者が活躍した。

信州は山国で峠道も多かったため、馬が物資の輸送で果たす役割は非常に大きかった。人力では到底運べない重量の物資も、馬ならば輸送できたからである。幕府も当該地域の物流を担った中馬の役割を無視できず、その活動を公式に認めたほどだった。

中馬が行き来したことで中馬街道と呼ばれた街道を通じて、江戸の経済を支えた運送業者の姿に光を当てる。

ロ塩の道の別称があった中馬街道

中馬街道は、江戸時代に中馬が登場してから生まれた名称である。もともとは伊那《いな》街道と呼ばれた。

伊那街道は三河の岡崎と信濃の塩尻を結ぶ街道のことだが、信濃側からは三河からの街道ということで、三州《さんしゅう》街道と呼ばれた。三河側からは信濃の飯田が中継地となっていたことから、飯田《いいだ》街道と呼ばれた。なお、塩尻から三河吉田に向かう街道も中馬街道と呼ばれた。中馬の活動が広範囲に及んでいた様子がうかがえる。

この伊那街道は、塩の道としての顔も持った。いわゆる塩街道である。伊那街道からは東西に道が複数分岐し、信濃南部の諏訪や高遠そして木曽地方とつながっていたが、それらの道も塩街道であった。

塩は人間が生きていくうえで欠かせないものだが、日本は岩塩が少ない国土であったため、海水から食塩を製造するのが通例だった。

古来、海水を土器や窯で煮詰める製法で塩が生産されていたが、それでは大量の製塩は難しかった。ところが、室町時代中期に入ると、新たな製法が登場することで塩の生産量は格段にアップする。

敷き詰めた砂の上に海水を人力で運搬し、そのまま天日で乾燥させる揚浜《あげはま》式塩田製法が登場したのだ。塩田とは海水から食塩を採るため砂浜に設けた設備のことで、塩浜とも称した。大量の海水を人力で運搬して砂浜に撒き、水分が蒸発するのを待った後、塩が付着した砂を集めて海水での洗いを繰り返し、濃い塩水を作った。これを煮詰めるわけである。

江戸時代に入ると、入浜式塩田製法が新たに登場する。遠浅の干潟を堤防で囲んだうえで、潮の干満を利用して海水を塩田に取り込む製法だ。揚浜式塩田製法の場合、海水の運搬は重労働にならざるを得ないが、入浜式塩田製法はその必要がなかった。揚浜式よりも、効率よく大量に製塩できるメリットがあった。

日本の歴史において、塩にまつわるエピソードとして最も有名なのは戦国時代の武田信玄と上杉謙信の故事だろう。

駿河の戦国大名今川氏真《うじざね》と相模の戦国大名北条氏康は敵である信玄を困らせるため、太平洋沿岸の駿河・相模から甲斐に塩を送ることをストップする。国内に塩が入らなくなった信玄は、窮地に追い込まれた。

それを聞いた同じく信玄の敵であった謙信は、日本海沿岸の越後から塩を送り、窮地を救ったという。このエピソードから、「敵に塩を送る」という諺《ことわざ》が生まれた。苦境にある敵を助けるという意味だ。

塩は海水から製塩される以上、沿岸部から送ってもらわざるを得ない。こうして、内陸部と沿岸部を結ぶ「塩の道」が生まれた。

もちろん、塩の道で運ばれたのは塩だけではない。あらゆる生活物資が運ばれ、その地域の大動脈となる。

東国では、東海地方から甲斐や信濃に向けて走る道、あるいは北陸から両国に向けて走る道が代表的な塩の道だった。甲斐や信濃からみて南方にあたる東海（太平洋沿岸）地方から送られる塩は「南塩《みなみしお》」、北方にあたる北陸（日本海側）地方から送られる塩は「北塩《きたじお》」と呼ばれた。

南塩については三河と信濃を結ぶ伊那街道や秋葉《あきは》街道が代表的な道であった。秋葉街道は遠江《とおとうみ》の掛川などから信濃の飯田までの街道だが、途中、秋葉神社を経由したことから秋葉街道と呼ばれた。

北塩については、千国《ちくに》街道と北国街道が代表的な塩街道として挙げられる。千国街道は越後の糸魚川から信濃の松本に向かう街道だが、途中、千国という地を通過することから千国街道と呼ばれた。起（終）点が糸魚川であることから、糸魚川街道とも呼ばれた。北国街道は中山道追分宿から分岐して越後へ向かう街道だが、越後から塩などが運ばれる道であったため、塩街道とも呼ばれたのである。

■農民のサイドビジネスとなった運送業

塩街道のひとつであった伊那街道は、江戸時代に入ると中馬街道と呼ばれるが、名称の由来となった中馬はかつての馬借とは違って専門の運送業者ではなかった。もとを正せば運送業というよりも農民の小遣い稼ぎレベルの仕事に過ぎなかった。

自分の荷物を持ち馬に載せて運んでいた農民が、他人の荷物を運ぶ駄賃稼ぎをはじめたことがきっかけである。専業としていたのではなかった。

この駄賃稼ぎは、もともとは農間《のうかん》稼ぎのひとつだった。農間稼ぎとは、農民が耕作の合間に賃稼ぎのため行った余業のことで、農間余業とも称される。

中馬と呼ばれた農民たちは、各街道に置かれた宿場の問屋場《といやば》を通さず、直接荷主と契約を結んで荷物を運んだ。幕府から運送業を認可されたのではなかった。

当初は農業の合間に荷物を運んだが、その需要の大きさを受けてサイドビジネスへと発展し、やがて専業化する農民が登場する。数十疋もの馬を駆使する専門の運送業者に成長したのだ。その場合は、一組五疋単位の馬を使いながら請け負った荷物を目的地まで運ぶのが一般的なスタイルであった。

中馬は信濃全域で活動したが、特に活躍が目覚ましかったのが伊那街道である。江戸時代中期にあたる宝暦年間（一七五一～一七六四）には、毎日千疋もの馬が往来したという。そのため、中馬街道と呼ばれるようになる。

宝暦末年に名古屋・松本間を中馬が運んだ荷物は、総数で一万四千九百四十三駄にも達したが、その八割が伊那街道を通過したという。残り二割は中山道経由だった。

名古屋から松本に荷物を運ぶ際には中山道を経由するのが通例だが、中馬には中山道を避けて伊那街道を経由する傾向がみられた。中山道を経由すると、宿場との間でトラブルが起こる恐れがあったからである。

伊那街道の場合、平坦な道は少なく、山道や峠道が多かった。その際、坂道に強い馬は力を発揮できた。

中馬が輸送に使っていた馬の数だが、信濃のうち伊那郡が一番多く、七千八百四十九疋。以下、諏訪郡が四千六百八十疋、安曇郡が三千百七十八疋、筑摩郡が二千五百二十五疋で、高井・埴科・更級郡などは少なかった。信濃でも南部で中馬が多かったことがわかる。総数一万八千六百十四疋であった。その活動範囲は信濃や尾張・三河にとどまらず、甲斐や駿河そして関東にも及んでいた。

馬の代わりに、牛を使って運送業に乗り出す農民もいた。荷物を牛に載せて運賃稼ぎをしていた木曽の農民たちである。「木曽の牛稼ぎ」と称された木曽の農民も、中馬と同じく需要の大きさを受けて専業化の道を歩む。

ロ荷物を奪い合う問屋場と中馬

しかし、中馬などが運送業に参入することで、利益を大きく侵害された専門業者がいた。街道での運送業を幕府から公認されていた宿場の問屋《といや》たちである。

幕府は各宿場に一定数の人足や馬を常備させることで、公用荷物を次の宿場にリレー方式で送り届けるシステムを構築していた。そして、公用荷物の輸送業務を宿場に課し、常備させる人足や馬の数も指定した。その人馬の調達や管理にあたったのが宿場に設けられた問屋場だった。

問屋場は宿場で最も重要な施設だが、主に二つの仕事があった。

ひとつは公用荷物を輸送するための人馬を用意し、次の宿場まで送り届けることである。幕府の役人が出張で利用する際の人馬を用意しておくことも、問屋場の義務だった。

もうひとつは、公用の書状を届ける飛脚業務である。これを継飛脚《つぎびきゃく》と呼んだ。一人の飛脚が目的地に向かう「通し飛脚」ではなく、各宿場に配置された飛脚がリレー方式で書状を届けたため、江戸・京都間でも三〜四日で結ぶことができた。

こうした業務を円滑に運営するため、問屋場には宿場の最高責任者である問屋が置かれた。問屋を補佐する年寄《としより》、事務担当の帳付《ちょうづけ》も問屋場に詰めた。人馬を差配する業務に直接あたった馬指《うまさし》、人馬指《じんばさし》が置かれることもあった。

公用荷物の輸送料金は、幕府によって低額に抑えられた。よって、輸送量が増えるほど損失つまりは赤字が膨れ上がったが、その代わり、問屋場には公用以外の荷物の輸送を公認した。公用荷物の輸送による損失を、私用荷物の輸送による利益で補塡させようとしたのである。

公用荷物の輸送料金は「御定賃銭《おさだめちんせん》」、私用荷物の輸送料金は「相対賃銭《あいたい》」と呼ばれたが、相対賃銭は御定賃銭の倍が相場であった。公用荷物に比べると、倍額の料金徴収が認められていたとはいえ、問屋にとっては私用荷物の運搬を独占できないと死活問題にかかわった。

一方、中馬は幕府から運送業を許可されていない民間業者であった。農民の駄賃稼ぎのレベルでは、問屋の利益はさほど侵害しなかったかもしれないが、中馬が専業かつ大規模化していくと話は別である。

その結果、問屋場と中馬で荷物の運搬を取り合う事態に発展する。中馬への依頼が増えることで、問屋場つまり宿場の利益は大きく損なわれた。両者の対立は避けられなかった。

名古屋・松本間を中馬が運んだ荷物のうち八割が中馬（伊那）街道を通過し、中山道を通過したのは二割に過ぎなかったことは先に述べた。競合する中山道各宿場の問屋場とのトラブルを避けて、いわば脇道にあたる伊那街道を中馬が選んだ結果であった。

私用荷物の運搬が中馬に流れた理由は、荷物の傷みが少なかったこと、料金が安かったことの二点に尽きる。

問屋場は次の宿場までリレー形式で荷物を継ぎ立てた。よって、宿場に到着すると別の馬に荷物を積み替える必要があったが、その際に傷みが生じることが多かった。一方、中馬は積み替えることなく、そのまま目的地まで直送したため荷物の傷みも少なかった。

料金については、宿場の経営にストレートに跳ね返る以上、問屋場としては相対賃銭をできるだけ高くしたかった。そのぶん、競合する中馬は低料金で輸送できたため有利となった。

ロ自由競争の原理に基づく幕府の司法判断

しかし、問屋場の立場からすると、こうした現状は到底看過できるものではない。公用荷物の輸送により生じる赤字を、私用荷物の輸送による利益で補塡する構造となっていた以上、中馬の参入を差し止めない限り、宿場の運営は苦しいものにならざるを得なかった。

こうして、中馬により利益を大きく侵害された宿場は、輸送の差し止めを求めて幕府への出訴に踏み切る。荷物の輸送をめぐる両者の争いは既に江戸前期からみられ、四代将軍家綱の時代にあたる延宝元年（一六七三）には、中山道の宿場が江戸の評定所に出訴している。

評定所とは、寺社奉行、町奉行、勘定奉行の三奉行から構成された幕府の最高意思決定機関である。幕府のトップたる老中からの諮問を受けて重要政策を決定したり、民事・刑事問わず重大案件に関する裁定を下した機関だった。司法面でいえば、現代の最高裁判所のような権能を持っていた。

この後も、中馬が活動していた街道筋の宿場は幕府への出訴を繰り返す。中馬が幕府から荷物の輸送を許可されていないことを楯にその独占を狙った。

だが、幕府が輸送差し止めを求める宿場側の主張を受け入れることはなかった。言い換えると、中馬による物資輸送の慣行を認めたのである。

こうした幕府の司法判断の背景には、宿場の訴えを認めると物流に悪影響が生じ兼ねないという懸念が指摘できよう。そのうえ、幕府は原則として自由競争の原理に任せる立場を取っており、それまでの慣行に規制を加えることを忌避する傾向があった。

双方の争いに一応の決着がついたのは明和元年（一七六四）のことである。幕府は次のような裁定を下した。

中馬街道こと伊那街道のみならず、中山道、甲州街道、北国街道でも中馬が物資の輸送に携わることを認めた。中馬の活動を幅広く公認した司法判断であった。この時の裁定では、馬による駄賃稼ぎができる村を六百七十九カ村、馬の数も一万八千七百六十八疋と定めている。

ただし、利益を侵害されていた宿場にも配慮し、中馬が取り扱える品目を定めた。それ以外の品目は宿場が独占的に取り扱うこととしたが、荷物の中身を確かめない限り、その線引きが守られているかどうかは誰にもわからなかった。中馬の運送業はさらなる発展を遂げることになる。

中馬街道を通して、幕府が認めるほど中馬が物流を支えていた実態が確認できるのである（『古島敏雄著作集四　信州中馬の研究』東京大学出版会）。

9

京都への道（京の七口）は明治維新の狼煙が上がった道でもあった

粟田口　京の七口のひとつ　京都市東山区　写真：アフロ

京の七口

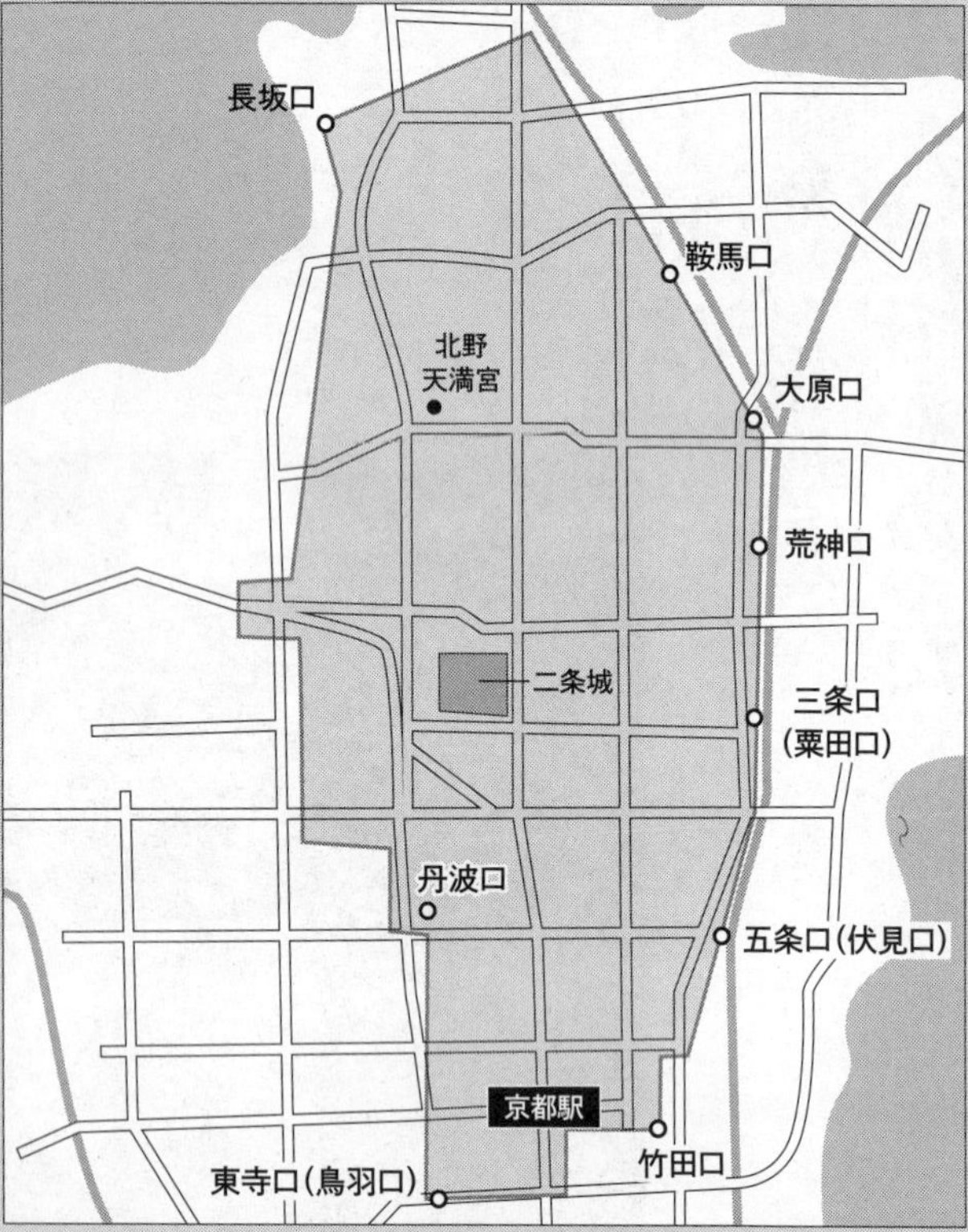

「京の七口」といっても実際には九口あった

■京都と諸国を結ぶ街道の出入口

古来、京都と諸国を結ぶ主要街道の出入口は「京の七口」と呼ばれた。七口といっても、時代により場所も数も変化し、固定したものではない。北から時計回りで、鞍馬口、大原口、荒神口、粟田口（三条口）、伏見口（五条口）、竹田口、鳥羽口（東寺口）、丹波口、長坂口の九口が京の七口として挙げられることが多い。

いずれの口においても、京都に向かう街道は一様に京街道、京口と呼ばれたが、京都からみると別の名称を持っていた。例えば、伏見口から京都に向かう街道は伏見街道、鳥羽口から向かう街道は鳥羽街道と呼ばれた。

現在、京都は観光都市のイメージが強いが、その歴史をたどると激しい合戦が繰り返された都市だった。平安遷都以来、千年以上にもわたり首都として権力闘争の舞台となったことの当然の帰結である。戦場となっただけでなく、京都をめぐる攻防戦が歴史の分岐点となったこともみられた。京の七口が戦場となったのだ。

なかでも、鳥羽街道と伏見街道は明治維新の狼煙《のろし》が上がった街道として歴史に名を残す。いわゆる鳥羽・伏見の戦いだが、京都をめぐる最後の戦いでもあった。

京都をめぐる攻防戦の歴史を振り返りながら、明治維新の狼煙が上がった鳥羽・伏見街道での戦いを追う。

ロ再び戦場となった幕末の京都

京都が戦場となったのは、平安時代末期にあたる保元元年（一一五六）に起きた保元の乱が最初である。この乱を皮切りに、京都やその周辺で合戦が繰り返された。戦国時代の幕開けを告げる応仁・文明の乱などはその代表格だろう。南北朝の動乱では、後醍醐天皇と足利尊氏が京都をめぐって激しい攻防戦を繰り広げた。七口でも激戦が展開された。

しかし、江戸時代に入ると状況が一変する。

引き続き京都は都ではあったものの、天皇を奉じる朝廷は幕府の統制下に置かれ、政治力を失ってしまう。権力闘争、ましてや合戦の舞台ではなくなる。泰平の世を背景に、国内では戦乱のない時代が二百年以上続いたが、幕末に入ると雲行きが怪しくなる。

ペリー来航に象徴される外圧に有効な対応が取れず、自由貿易の開始を意味する通商条約の締結にも追い込まれたことで、幕府の権威は失墜していった。貿易による経済の混乱と物価の高騰が、その傾向に拍車をかけた。

幕府への不信感の高まりを受けて、対照的に急浮上したのが朝廷の権威だった。幕府も公武合体と称し、朝廷の権威と結びつくことで権力基盤の強化をはかった。朝廷の権威はさらに上昇する。

こうして、江戸に代わって京都が政局つまりは権力闘争の舞台として返り咲く。将軍や諸大名も江戸を離れ、在京することが多くなった。朝廷（天皇）を取り込むことで政局の主導権を握りたい目論見が、そこには秘められていた。

幕末の政局では、朝廷が強く望んだ攘夷の実行がテーマとなる。長州藩は攘夷運動の先頭に立つことで、攘夷論が強かった朝廷を牛耳る。幕府や他藩を抑え、政局の主導権を一時握った。

だが、これに反発する薩摩藩や会津藩は天皇のいる御所を突如取り囲み、敵対する長州藩及び同藩を後ろ盾とした公家の三条実美《さねとみ》たちの御所への出入りを禁じた。クーデターにより京都から追放したのだ。いわゆる文久三年（一八六三）八月十八日の政変である。

失脚した長州藩は京都を退去したものの、翌元治元年（一八六四）七月十九日に捲土重来を期して京都に乱入し、薩摩藩や会津藩と戦火を交える。蛤《はまぐり》御門の変と通称される禁門の変のはじまりだった。

まず、京都南郊の伏見で戦端が開かれる。伏見の長州藩邸を出撃した家老福原越後隊は伏見街道から京都を目指すが、美濃大垣藩のため撃退される。改めて竹田街道から京都を目指したものの、今度は彦根藩や会津藩に撃退され、敗走した。

しかし、嵯峨の天龍寺に駐屯していた家老国司《くにし》信濃隊と来島又兵衛隊は京都への突入に成功し、御所の各門を守る薩摩藩や会津藩などと激戦になる。蛤御門を守る会津藩は国司隊と来島隊の猛攻に押されて苦戦となるが、援軍に駆け付けた薩摩藩の砲撃により両隊は負傷者が続出し、形勢は逆転。来島も重傷を負い、自害して果てた。蛤御門での戦いは薩摩・会津藩の勝利に終わる。

その後、西国街道から鳥羽口を経由して御所の堺町御門に迫った家老の益田弾正隊も会津藩などに敗れた。京都での激しい市街戦は、薩摩・会津藩つまり幕府方の勝利に終わる。幕府方の総指揮官は後に将軍となる一橋慶喜《よしのぶ》であった。

同二十三日、禁門の変で破れた長州藩に対し、御所に発砲した廉《かど》で朝廷から同藩追討の勅命が下る。薩摩藩や会津藩など諸藩から構成される征長軍が組織されることになり、幕府による第一次長州征伐がはじまる。

だが、開戦となる前に長州藩が屈伏したことで、十二月二十七日に征長軍は撤兵となった。不戦のまま、第一次長州征伐は終わる。

□鳥羽・伏見の戦い前夜の京都

元治元年の京都をめぐる攻防戦は長州藩の敗北で幕を閉じたが、巻き返しを期す長州藩は、敵対していた薩摩藩との提携に踏み切る。いわゆる薩長同盟により、幕府への敵対姿勢を示した。

よって、幕府は第二次長州征伐を企てる。再び征長軍が組織され、慶応二年（一八六六）五月に開戦となるが、薩摩藩が参加を拒否するなど足並みが乱れていた征長軍は各所で敗退する。第二次長州征伐は征長軍の敗北に終わり、幕府の権威失墜は決定的なものとなる。

翌三年（一八六七）十月十四日、前年十二月に十五代将軍となっていた慶喜は朝廷に大政を奉還し、幕府を消滅させた。武力倒幕を目指す薩摩・長州藩の機先を制し、政局の主導権を握る狙いが秘められていた。朝廷のもとに樹立される新政府の中心に座るための政治的な仕掛けだった。

このままでは慶喜に新政府を牛耳られてしまうと焦った薩長両藩は、十二月九日に天皇のいる御所を突如取り囲み、慶喜及び敵対関係にあった会津・桑名藩を排除した新政府を樹立する。いわゆる王政復古のクーデターである。慶喜や会津・桑名藩は、文久三年八月十八日の政変時の長州藩と同じ立場になったのだ。

当然ながら、慶喜のもとに集結していた徳川方は激高する。京都で開戦となるのは時間の問題だったが、十二月十三日、慶喜は旧幕府兵と会津・桑名藩兵を連れて大坂城に下向した。大坂城に兵力を集中させて大坂湾を掌握することで、薩長両藩国元と京都の連絡路を断ち、京都に居座る両藩を孤立させようと目論む。そのうえで新政府に揺さぶりをかけた。

一方、遠く離れた江戸では、徳川家と薩摩藩の間で戦争がはじまる。当時、江戸では薩摩藩三田屋敷を根城とする強盗が市中を騒がせていた。二十五日早朝より、江戸城の徳川家首脳部は市中警備にあたらせた庄内藩などに三田屋敷を包囲させたが、やがて双方は戦闘状態に入り、三田屋敷は焼失した。

以後、徳川家は薩摩藩と交戦状態に入るが、この急報が大坂城に届くと、城内は興奮の坩堝《るつぼ》と化す。城内の強烈な主戦論を受け、慶喜は薩摩藩討伐を決意する。慶応四年（一八六八）正月二日、大坂城に籠もっていた旧幕府兵や会津・桑名藩兵は京都に向けて進軍を開始した。

■勝利を確信の徳川勢、敗退も覚悟の薩摩・長州藩

大坂城を出陣した徳川勢は、鳥羽街道と伏見街道を経由して京都に向かう作戦計画を立てた。京都に入る街道は両街道以外にもあったため、兵力にまさる徳川方は京の七口に兵を配置し、どの街道からも軍勢を進ませることが充分可能だった。

だが、勝利を確信する徳川方は京都包囲の作戦を取らなかった。兵力にまさる自軍が鳥羽・伏見口から平押しに押せば、おのずから京都は占領できると楽観視していた。

迎え撃つ両藩は勝利を確信する徳川方とは逆に、敗北も覚悟した。敗北を喫した場合、天皇を山陰に動座させることまで想定している。その場合は、七口のうち丹波口を経由して山陰に向かうことになるだろう。

東洋一とも評される旧幕府艦隊が兵庫沖に停泊しており、瀬戸内海沿いの山陽道に出ることはできなかったからだ。天皇を奪われる危険性があり、それでは官軍から賊軍に転落してしまう。天皇を奉じている限り官軍であり、必ず勝利が得られるという思惑がその基底にあった。

徳川勢は総勢一万五千。そのうち五千人が後詰《ごづめ》の形で大坂にとどまり、一万人が鳥羽・伏見へ進軍した。かたや薩摩・長州藩は総勢四千~五千人で、徳川勢の三分の一に過ぎなかった。この兵力差により、両藩は鳥羽・伏見街道を進撃してくる徳川勢を迎え撃つスタンスにとどまった。他の七口に兵力を配置する余裕などなかった。

前線に向かった旧幕府兵は西洋式の調練を積んだ慶喜自慢の歩兵が主力で、銃器の装備も薩長両藩にまさるとも劣らなかった。歩兵隊の数は六千人前後で、会津・桑名藩をはじめ高松・松山・大垣藩など諸藩の兵を加えると一万人ほどとなる。

鳥羽街道は旧幕府歩兵のほか、腕自慢の幕臣から選抜された見廻組が先鋒として進撃した。見廻組は、新選組とともに京都の治安維持にあたった者たちである。鳥羽街道には桑名藩兵も向かった。

鳥羽街道の東を走る伏見街道は会津藩兵が進んだ。夜には伏見の町に入り、東本願寺別院を本営とした。伏見奉行所には会津藩配下の新選組が既に駐屯し、薩摩藩などと睨み合っていた。現場の総指揮官である徳川家の陸軍奉行竹中重固《しげかた》も奉行所に入った。

四年前の禁門の変の時、長州藩は京都に乱入して御所近くまで迫ったものの、慶喜指揮下の薩摩・会津藩に撃退されたが、この構図が役者を変えて再現されていく。長州藩が慶喜を奉じる徳川勢で、慶喜指揮下の薩摩・会津藩が薩長両藩にあたる役回りだった。

ロ鳥羽街道で開戦

慶応四年一月三日が開戦の日である。開戦の火蓋が切られたのは鳥羽口であった。鳥羽街道には京都から薩摩藩兵が向かったが、上鳥羽村まで南下したところ、北上してきた見廻組と遭遇する。見廻組は慶喜が起草した「討薩の表《ひょう》」を携える大目付滝川具挙《ともたか》を護衛していた。討薩の表とは薩摩藩討伐の正当性をうたった文章であり、これを朝廷に届け出ることになっていた。

見廻組は剣術や槍術に自信のある武芸の達人から成る部隊であり、銃は持っていない。相対する薩摩藩兵は調練を積んだ銃隊で、砲四門も牽《ひ》いていた。

徳川勢と薩摩藩は談判を開始する。通せ、通さない、の問答が繰り返された末、徳川勢は強行突破をはかる。既に歩兵隊も現場に到着し、その数も薩摩藩兵を凌駕していた。午後五時のことである。

薩摩藩も、ただ手をこまねいていたのではない。談判中、交渉打ち切りを見込んで開戦準備を整える。銃陣を敷き、弾丸も込めて照準を合わせた。伏兵も放った。大砲にも装弾した。命令一下、即座に発砲できる態勢を取る。

徳川勢の歩兵隊が進軍を開始するや、薩摩藩の銃砲が一斉に火を噴く。不意打ちした形だった。歩兵隊の前衛は伏兵の射撃も受けて壊乱する。

この時、歩兵隊は装弾していなかった。戦わずして数の力で押し切れる。黙って通すはずと、相手を甘くみていたのだ。そのため、反撃もできず、次々と撃ち倒されていった。

現場の指揮官ともいうべき滝川だが、騎乗した馬が砲声に驚いて荒れ狂い、そのまま鳥羽街道を南下してしまう。あたかも退却した格好であり、歩兵隊の敗走に拍車をかけた。

相手が浮足立ったのを見て、薩摩藩は嵩にかかって攻め込む。だが、桑名藩砲兵隊が進み出て砲撃を加え、押し返した。

態勢を立て直した歩兵隊も反撃を開始したため、一進一退の激戦が夜まで繰り返される。だが、徳川勢は敗勢を挽回できず、下鳥羽村まで後退する。陣地を構え、翌日に備えた。

ロ伏見街道での激戦

鳥羽での砲声を機に、伏見でも開戦となる。時刻は同じく午後五時である。

伏見でも鳥羽と同じく、徳川勢と薩摩藩の間で通せ、通さない、の押し問答が繰り返された。徳川勢を指揮するのは陸軍奉行竹中重固であり、旧幕府歩兵隊と会津藩兵、新選組が伏見奉行所を中心に陣を構えた。

新政府側は薩摩藩のほか長州・土佐藩も陣地を造り、伏見奉行所を包囲する構えを取っていた。薩摩藩は奉行所を見下ろせる場所に大砲を備え、開戦の時を待つ。

夕刻になり、焦《じ》れた徳川勢は強行突破をはかる。奉行所で竹中が進撃路の検討をはじめた頃、西方の鳥羽から砲声が聞こえた。これを合図に、薩摩藩の砲兵陣地から奉行所に向けて砲撃が開始される。伏見でも戦いがはじまった。

両軍とも路上に畳や戸板を持ち出して防壁とし、激しい銃撃戦を繰り返した。徳川勢は敵の射撃が弱まると、会津藩自慢の槍隊と抜刀した新選組が猛烈な切り込みを敢行したため、薩摩・長州藩は苦戦を強いられる。友軍の土佐藩が前藩主山内容堂の命もあって参戦しなかったことも、苦戦に拍車をかけた。

だが、薩摩藩砲兵隊の砲撃により奉行所が火に包まれると、徳川勢の抵抗も弱まる。薩摩藩が地の利を得た布陣に成功していたことが勝利の決め手になった。白兵突撃を幾度となく敢行した会津藩兵や新選組の死傷も甚だしく、戦力は低下していた。午前零時頃、長州藩兵が奉行所に突入する。薩摩藩兵も後に続き、占領に成功した。命からがら脱出した竹中たちは淀《よど》まで後退する。

奉行所は薩摩・長州藩に占拠されたが、徳川勢は市街地で防御線を張って反攻を期す。こうして、初日の戦いは終わった。

なお、会津藩の一部は伏見街道のすぐ西を入る竹田街道への迂回に成功していた。竹田街道には薩長両藩の守備兵は配置されておらず、伏見に陣を構えた両藩は背後を突かれる危険性があった。しかし、会津藩が迂回に成功した一隊を呼び戻したことで、千載一遇の好機をみずから逸した格好となる。

ロ 敗走する徳川勢

鳥羽・伏見の戦いは数日続くが、緒戦の徳川勢の敗因は勝利を楽観視して相手を甘くみていたことに尽きる。数の力を頼みに、装弾もせず歩兵隊を進撃させたことなどは、その最たるものだった。かたや劣勢の薩長両藩は勝利を得るための作戦を練り、戦いに臨んだ。その違いは大きかった。

徳川勢の軍備が両藩に劣っていたわけではない。兵も勇敢だった。銃砲の優秀さや兵の奮戦ぶりは敵の薩摩藩が認めたくらいだが、敵を甘くみたことに加え、指揮が混乱して統制が取れていなかった。

一口に徳川勢といっても、旧幕府歩兵隊、会津、桑名、高松、松山、大垣、津の各藩の寄り合い所帯であり、バラバラに戦っていた。個々に奮戦はするものの、連携の悪さを突かれる形で薩摩・長州藩に足をすくわれる。両藩にまさるとも劣らない軍事力を有効に使いこなせず、自滅したというのが事実に近い。

鳥羽・伏見の戦いは初日の戦いがすべてとなる。初日は薩長両藩の優勢で終わったものの、両藩はこれを最大限に活用する。その夜に開かれた朝廷の会議で、慶喜を朝敵とみなして討伐することを一気に決めてしまったのだ。

まさしく、「勝てば官軍、負ければ賊軍」を地で行く展開だった。

五日には、征討大将軍に任命された仁和寺宮《にんなじのみや》が本陣の東寺を出陣した。錦旗《きんき》を掲げて戦場の鳥羽・伏見を視察したが、これが契機となり、形勢を展望していた日和見の諸藩は官軍となった薩長両藩のもとに走る。徳川勢は総崩れとなった。

錦旗が掲げられたことを知った慶喜は驚愕し、大坂城を脱出した。軍艦に乗って、江戸に敗走した。

戊辰戦争の幕開けを告げる京都をめぐる攻防戦、つまり鳥羽・伏見街道での戦いに勝利したことで、時代は明治維新へと大きく前進するのである。

10 伊勢参宮街道からやってきたお伊勢参りはどんなもてなしを受けたのか

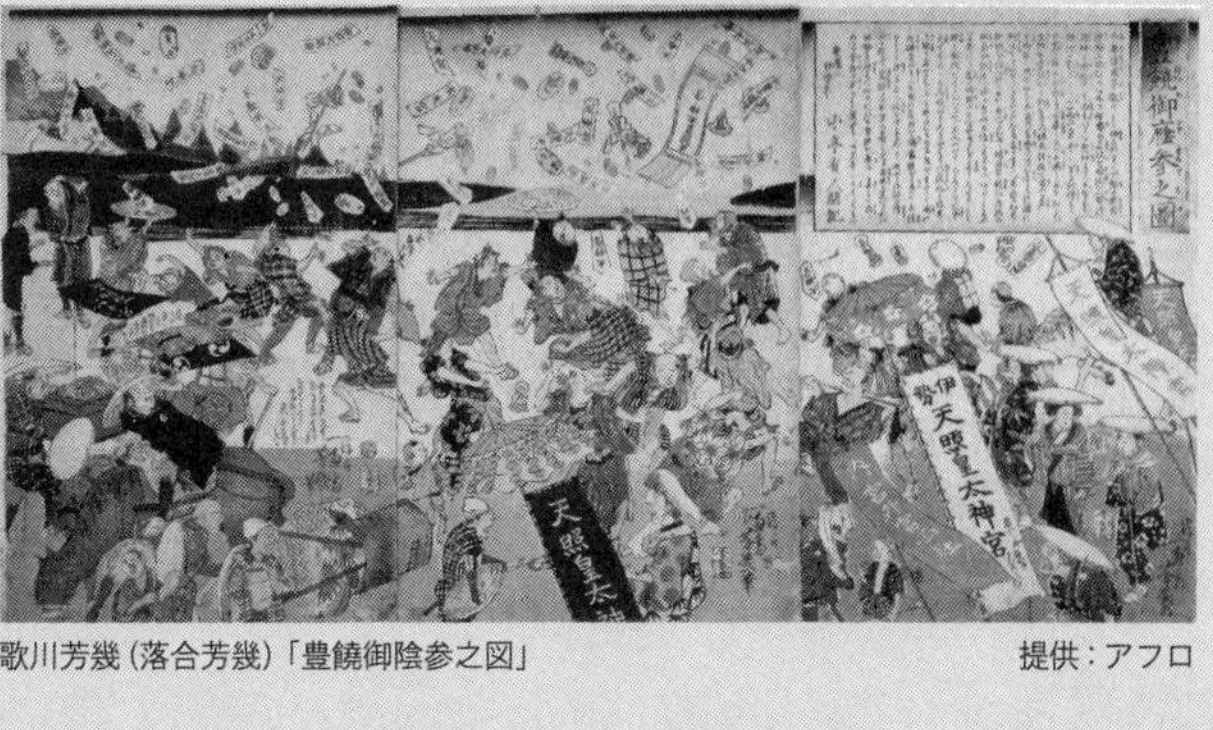

歌川芳幾（落合芳幾）「豊饒御陰参之図」　提供：アフロ

伊勢参宮街道

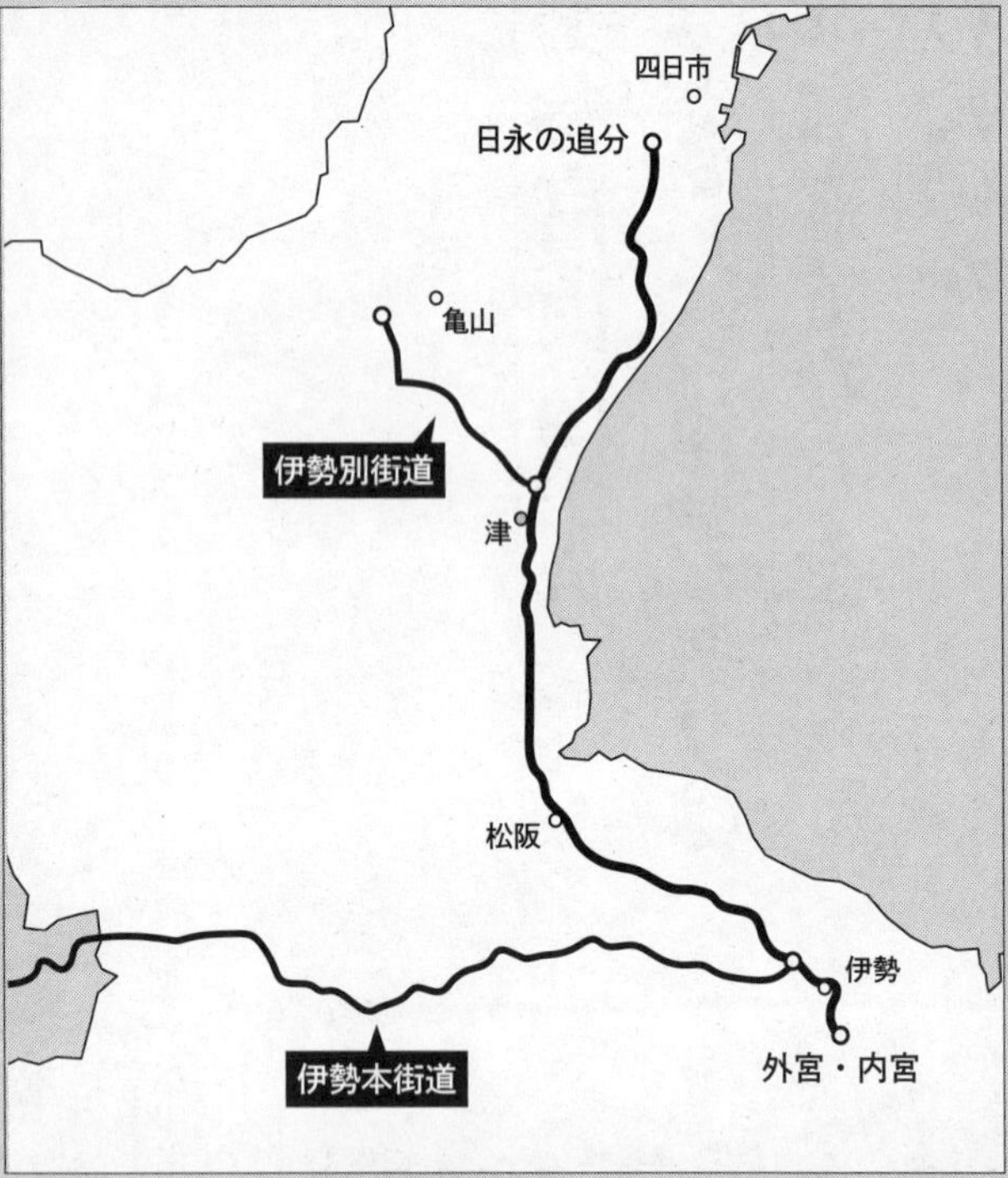

伊勢神宮へのお参りに全国からの人で賑わった伊勢参宮街道

ロ街道での接待の慣習

一生に一度はお伊勢参りと称されるほど、伊勢神宮への参詣は日本人の通過儀礼とされてきた。なかでも江戸時代に周期的に起きた群参はお蔭参りと呼ばれ、その熱狂ぶりはすさまじいものだった。

当時、庶民が旅行する際には往来手形の携帯が義務付けられた。往来手形とは旅行許可と身分証明を兼ねた手形で、いわばパスポートのようなものだが、お伊勢参りの場合は不要という慣習があった。

食費があまりかからなかったことも大きい。伊勢神宮に向かう者たちには沿道の人々が接待する慣習があり、無一文でも伊勢まで行けた。こうした慣習がお伊勢参りの熱狂を後押しした。

江戸時代はお伊勢参りに限らず、泰平の世を背景に寺社参詣が盛んだった。参詣のルートが街道名となる事例も珍しくない。江戸から片道一泊二日の行程で参詣できた成田山新勝寺の場合、江戸を出て水戸街道の新宿《にいじゅく》から下総佐倉に至る佐倉街道が参詣ルートだったが、成田山参詣で頻繁に使われたことにより、いつしか成田街道と呼ばれるようになったのはそんな一例である。

伊勢神宮への参詣道は伊勢参宮街道、伊勢参宮道、伊勢街道などと呼ばれた。伊勢参宮街道を進むにつれて各地からの街道が次々と合流し、全国からのお伊勢参りを神宮へと導いていった。

参宮街道を進んできたお伊勢参りのなかには、神楽の奉納を希望する者もいた。その場合は、豪勢なおもてなしが待っていた。

伊勢神宮の神職である御師のおもてなしを通じて、お伊勢参りが続いた背景について考える。

ロお伊勢参りを支えた御師と伊勢講

参詣者が激増するお蔭参りの年に限らず、江戸時代は総じて伊勢神宮への参詣が盛んだったが、参宮者の大半は国内人口の九割以上を占める町人・農民といった庶民である。天皇家の祖先天照大神を祀る伊勢神宮が全国津々浦々の町や村に鎮座する氏神の総元締め、つまり総氏神の位置にあったことが一番の理由だろう。

かつては天皇を戴く朝廷や公家から手厚い経済的支援を受けたが、平安中期以降、律令国家と呼ばれた朝廷が武士の勃興により力を失うと、経済的な支援を充分に望めなくなる。そのため、伊勢神宮は戦勝祈願を通じて武士階級への依存を強め、武士の間に伊勢信仰が拡がっていく。

一方、庶民の間でも次第に信徒が増えた。庶民は商売繁盛や家内安全など様々な現世利益が一番の関心事だったが、バラエティーに富む庶民の祈願に応じるには、さすがに伊勢神宮だけでは無理であった。そのうえ、武士に比べれば、庶民の数ははるかに多い。

そこで、伊勢参宮の呼び掛けにあたったのが御師なのである。伊勢神宮と庶民の仲介役を務めた御師こそ、伊勢信仰を拡大させた最大の功労者だった。江戸中期にあたる宝暦十三年（一七六三）に出版された『伊勢道中細見記《さいけん》』では、伊勢参宮とは家内安全諸願成就を祈るための参宮と案内されるほどになる。現世利益を求める庶民の願いが叶う神社として知られたことがわかる。

伊勢神宮に限らず、神社にとって御師は信徒を拡大させるのになくてはならない存在だったが、いったい御師とは何か。

御師は祈禱《きとう》に携わる神職ではあるものの、神社内で職務にあたるのではなく、社外で次の職務にあたった。各地で信徒の集まりである講の結成を働きかけて、参詣を促した。参詣の折には自分の屋敷に宿泊させ、祈願を神社に取り次いだ。

すなわち、御師は一種の代理店のような存在であった。なお、伊勢神宮の御師は他の神社の御師とは区別されており、「おんし」と呼ばれた。

伊勢神宮は内宮《ないくう》と外宮《げくう》から成るが、内宮の御師は百五十家、外宮の御師は享保九年(一七二四)の数字によると六百十五家を数えたという。御師にはそれぞれ受け持ちの講があったが、伊勢神宮の御師の場合、伊勢講と呼ばれた講のメンバーは各自数百軒にも及んだ。有力な御師となると、十万〜三十万軒にも達した。

伊勢の御師も受け持ちの伊勢講のメンバーに参宮を勧めた。実際に参宮した時には出迎えたり、宿泊や案内の面倒をみた。さらなるメンバーの拡大にも熱心だった。

御師や配下の手代衆は受け持ちの伊勢講が所在する各地域を回り、「天照皇大神宮」「豊受大神宮」などと摺られた御祓い札を配った。その代わり、「初穂料」として金銭を受け取る。受け持ちの家が多いほど「初穂料」が増える以上、メンバーの拡大に熱心なのは至極当然のことだった。

御師や手代衆が受け持ちの地域を回る際には、伊勢講のメンバー向けの御土産を持参するのが通例である。茶、鰹節、青海苔、のし鮑《あわび》、扇子、箸といった食品・日用雑貨品が多かったが、女性向けには伊勢特産の白粉を持参した。貰った女性は伊勢参宮への気持ちが湧き上がったに違いない。一種の営業戦略と言えよう。

農民にとっては、現代のカレンダーにあたる伊勢暦が御土産として配布されたことも大きい。伊勢暦には農事に関する情報も加えられていたが、伊勢講のメンバーであれば自動的に毎年入手できた。江戸中期の十八世紀初めには、二百万部以上も摺られたという大ベストセラーだった。

伊勢神宮にとり、御師とは一種の営業部員であった。いわば最前線で伊勢信仰の拡大に尽力したが、その活動を地域で支えたのが伊勢講である。

講を仕切る講元は伊勢参宮のための積立金の管理・集金にあたるほか、御師との連絡、そして伊勢からやって来た御師や手代に自宅を宿所として提供するなど、その活動を陰で支えた。御師と伊勢講が車の両輪の役を務める形で、伊勢信仰は全国各地に浸透していった。

これこそ、江戸時代に伊勢参宮が盛んだった最大の理由である。群を抜く伊勢講のメンバーの数が、それを何よりも物語る。伊勢講を基盤とする御師たちの営業活動により伊勢信仰が全国的な規模で庶民の間に浸透していなければ、お蔭参りなど起きなかっただろう。

伊勢参宮に出立する前日、代参者は氏神に参拝して御神酒を受け、御祓いの注連《しめ》を貰った。当人が帰宅するまでの間、不浄なものが入らないよう、これを家の入口に張ることになっていた。代参者は講中や親類縁者を招いて祝宴を開き、別れの水杯を交わした。そして、餞別を貰った。

出立当日は、講中から見送りの人が出て村境まで送るのが仕来りだった。江戸から旅立つ場合は、七つ立ち（午前四時頃の出立）とすれば最初の昼食は東海道川崎宿あるいは神奈川宿となる。そこで代参講の集団は「同行堅め」と称して酒を飲む。この儀式を経ることで講集団としての旅がはじまる（鎌田道隆『お伊勢参り』岩波新書）。

ロ伊勢街道の賑わいと御師の出迎え

東国からの伊勢講が参宮する場合、東海道から伊勢参宮街道に入るのが定番だった。参宮街道とは伊勢神宮に参詣するための道で複数あったが、江戸時代では特に伊勢街道を指す。伊勢街道とは東海道四日市宿と石薬師宿の間の日永《ひなが》追分で東海道と分岐し、伊勢湾の西側に沿って外宮門前町の山田に至る街道のことである。

神宮に近づくにつれて上方など西国からの参詣者が次々と合流してくるため、参宮街道は賑わいを増す。東国からの参詣者に比べると、その格好は派手だった。揃いの着物を着るなど、鳴り物入りの道中であることが多かった。

津藩藤堂家の城下町津まで進んだところで、東海道関宿から椋本《むくもと》・一身田《いっしんでん》を経由してきた伊勢別街道が合流する。京都方面からの参詣者が利用する街道だった。伊勢街道の支道という意味で、伊勢別街道と呼ばれた。

津を過ぎて月本まで来ると、伊賀上野を経由した参詣者が利用した伊賀街道が合流してくる。比較的なだらかな道だったことから、女性連れや老人などがよく使った街道である。

月本から二キロメートルほど進むと、六軒茶屋に到着する。参詣者を当て込んだ六軒の茶店があったことが地名の由来だろうが、後には大きな構えの茶屋が立ち並ぶようになる。この六軒茶屋で、大和の初瀬から伊勢に向かう初瀬街道が合流した。参宮表街道とも呼ばれた街道だ。

六軒茶屋を過ぎると、三井家など豪商の町として名高い松坂が現れる。その先の新茶屋は、御師の手代が受け持ちの伊勢講を出迎える場所となっていた。

手代は一行のために、人数分の駕籠に加えて荷物を運ぶ馬まで用意している。駕籠には赤い毛氈《もうせん》が敷かれ、馬にも紅白の手綱が付いていた。遠路はるばるやって来た一行は気分も高揚したことだろう。駕籠に乗って宿所の御師邸に乗りつけるわけだが、その前に茶屋に案内される。酒肴や昼飯が振る舞われて上機嫌になったところで向かっている。景気良く、駕籠の中から銭をばら撒いた者もいたという。

途中、宮川を船で渡ったが、この渡し船は御師の御馳走船と称され、誰でも無料で乗れた。手代が用意した駕籠に乗った伊勢講一行は、駕籠に乗ったまま渡し船に乗っている。宮川の渡し船は年中無休であるだけでなく、他の河川ならば川留めになる増水の時も船を出したという。

江戸時代最大のお蔭参りの年とされる文政十三年(一八三〇)でみると、三月末から八月九日までに宮川の渡しを通過した者は四百八十六万人にも達した。その信憑性は定かではないが、お蔭参りの熱狂が伝わってくる数字である。

宮川の渡し船を降りると中川原となり、大和と伊勢神宮を結ぶ伊勢本街道が合流してくる。伊勢本街道は急峻な坂道が多かったものの、大和と伊勢を結ぶ最短の街道であり利用する者は多かった。参宮本街道ともいう。

中川原には旅籠屋や茶屋が立ち並び、伊勢神宮の参詣者が宿泊あるいは休憩する場所として賑わった。伊勢本街道を経由した伊勢講一行の場合は、中川原で手代の出迎えを受けている。

旅籠屋や茶屋には、御師の名前が記された看板が掛けられていた。それを目印に到着した旨を告げると、その講を受け持つ御師に連絡が入って手代が出迎えに来るシステムになっていた。そこで酒を振る舞われた後、駕籠に乗って御師邸へ向かった。

ロ御師邸での盛大なおもてなし

伊勢講一行にとり、参宮の一番の目的は神楽を奉納することだった。神楽とは神を祀るため神前で奏した舞楽のことで、御師の邸宅で奉納した。

嘉永元年（一八四八）に参宮を果たした伊勢講（二十人）の事例をみていこう。讃《さぬ》岐国《きのくに》志度ノ浦からやって来た一行で、その様子が『伊勢参宮献立道中記』という記録に残されている。受け持ちの御師は岡田大夫だった。

三月二十五日、一行は中川原に到着し、御師岡田大夫の手代の出迎えを受ける。ところが、折悪しく岡田邸は宿泊の伊勢講で満杯であり、その日は中川原の旅籠屋松屋で一泊した。一行は松屋で髪結を頼んで月代《さかやき》を剃ったが、参宮前、月代は必ず剃ることになっていたという。

翌二十六日、朝食後に岡田と提携関係にあった紙子屋という旅籠屋へ移り、そうめん、小鯛の煮付け、鯛の刺身といった豪勢な食事を振る舞われる。酒も出された。午後にも同じく酒肴の接待を受けたが、この日も岡田邸は宿泊の伊勢講で満杯で、一行は紙子屋に宿泊している。

紙子屋では、岡田の手代に四十両二分を差し出した。神楽奉納に必要な金子と御師側への礼金だった。宿泊費込みである。一両十万円とすれば、四百万円もの大金を納めたことになる。

二十七日、紙子屋で朝食をとった一行は全員駕籠に乗って御師の邸宅に向かったが、その前に手代の案内で二見浦を見物している。昼は二見浦の茶屋で軽食を振る舞われた。メバルの焼き物、麩、蒲鉾、三つ葉、あられ豆腐が入った汁、漬菜に胡麻をかけたものといったメニューで、酒も付いた。その後、内宮の八十末社を参拝している。

岡田邸に到着したのは午後八時である。御師の邸宅に着くと、そうめんや小豆が出されるのが慣例だった。

その後、一行は大座敷に通された。衣冠を正した岡田と裃《かみしも》を着た手代が出てきて挨拶し、神楽奉納の祝辞を述べた後、豪勢な祝宴に入った。御師邸での食事は豪勢なことで知られ、朝食は二の膳まで、夕食に至っては三の膳まであった。そのうえ、引き物として料理や菓子が別に付いた。

祝宴が終わると寝室に通されたが、絹の蒲団で寝ている。農村では、裕福な家でなければ綿を入れた木綿蒲団さえ持っていないのが現実だった。そのため、絹の蒲団で寝ることなど、庶民にとっては夢のまた夢であった。

御師の邸宅は現代に喩えると、巨大ホテルに他ならない。伊勢講の一行が何組も泊まれるようになっていた。伊勢神宮の御師のなかで最大の規模を誇った三日市大夫の邸宅などは、次のような内部構造であった。

総面積は千八百坪で、建坪は約八百坪。玄関は十二畳の畳敷きだった。四畳～十六畳の客室が全部で三十二室あり、畳の合計は二百八十八畳半に達した。ほとんどの客室から庭が眺められる造りとなっていた。

そのほか、祝宴が開かれた六十三畳の大座敷、三十畳ほどの神楽殿、風呂場、台所、配膳室、夜具や食器を入れる土蔵、事務室、家族や使用人の部屋などが邸内に配置された。大便所が十一カ所、小便所も五カ所あった。

ロ神楽の奉納

御師邸で一泊した一行は、いよいよ神楽の奉納に臨む。二十八日は朝食をとった後に外宮を参詣し、岡田邸に戻ると風呂に入って身を清めた。軽めの昼食が出された後、神楽奉納の運びとなる。

正午頃、一行は神楽殿のある大広間に通された。大広間のうち八畳の板の間が神楽殿で、巫子たちが座った。神楽殿の周りには五十〜六十人の烏帽子《えぼし》姿の楽人が座った。各自、鼓、笛、笙を手に持っていた。

一行が大広間に座ると、演奏と謡《うたい》がはじまる。巫子たちは舞を披露した後、一同を御祓いした。そして、衣冠を正した御師の岡田父子が神楽殿に登場する。

岡田は正面に向かって三拝平伏し、一行全員の名前が入った願文を読み上げた。その後、巫子たちが舞を披露し、裃を着た男が銭を四方にばら撒いた。巫子や楽人がこれを拾った。

演奏と謡が終わり、三方に載せた瓶子《へいじ》と御神酒、供え物を一行が頂戴すると、神楽殿の襖が閉められて終了となる。時間は午後四時であった。

引き続き、場所を座敷に変えて祝宴となる。奉納後に用意された食事は四の膳まであったうえ、料理や菓子も引き物として付いた。とても食べ切れないほどの山海の珍味が出されている。この志度ノ浦からやって来た一行に限らず、御師邸で出された料理に伊勢講の面々が度肝を抜かれるのはお決まりの光景になっていた。

御師側としては至れり尽くせりの食事を用意することで夢見心地にさせ、有難味を感じさせる狙いがあった。奉納の金額によって、おもてなしにランクが付けられたことはいうまでもないが、豪勢なおもてなしが地元で評判を呼び、伊勢講のメンバー拡大につながることを期待した。お伊勢参りの継続にもプラスになったはずだ。

実際のところ、総じて全国からやって来た伊勢講の面々はおもてなしに感動している。その狙いは果たせたといってよいだろう。

翌二十九日、一行は豪勢な朝食をとった後、岡田邸を出発した。そのまま帰途に就いたのではなく、伊勢見物をしたうえで故郷に戻っている（金森敦子『伊勢詣と江戸の旅』文春新書）。

このように、参宮街道を経由してきた伊勢講一行は御師の邸宅で至れり尽せりのおもてなしを受けた。故郷に戻るとその有難味を伝え、お蔭参りに象徴されるお伊勢参りの熱狂を地域で下支えしたのである。

11

上皇や貴族は熊野古道をどのように旅したのか

和歌山県　初雪の継櫻王子社　熊野古道　中辺路　　写真：アフロ

熊野古道

熊野三山に詣でる路として、古来、多くの人が訪れている

ロ熊野詣は難行苦行の旅

平成十六年（二〇〇四）七月、和歌山県の熊野地域に鎮座する熊野本宮《ほんぐう》大社（本宮）・熊野速玉《はやたま》大社（新宮）・熊野那智《なち》大社（那智）の熊野三山とそれらを結んだ熊野古道は、高野山の金剛峯寺《こんごうぶじ》、吉野・大峯の金峯《きんぷ》神社や大峯山寺《おおみねさんじ》などとともに、「紀伊山地の霊場と参詣道」としてユネスコの世界遺産に登録された。

熊野古道とは熊野三山に通じる参詣道の総称だが、平安時代後期以降、熊野三山への参詣つまり熊野詣《もうで》は大ブームとなる。当初、熊野詣のブームを牽引したのは上皇や貴族であった。

当時は、天皇が譲位して上皇（出家すると法皇）になると熊野に参詣する事例が多かった。上皇や法皇たちが率先して熊野に参詣したことで、熊野詣が皇族や貴族の間で大流行したのである。

その後、熊野詣は武家や庶民の間にも広がり、参詣者が大挙押し寄せた。その光景は「蟻の熊野詣」と称された。

熊野古道を経由しての熊野詣は、道の険しさにより、難行苦行の旅とならざるを得なかった。だからこそ、苦難を克服して熊野詣を達成できれば極楽浄土に往生すると強く信じられ、参詣者は熊野三山へと続々と向かった。

それだけ、人々は現世に不安を抱き、来世に救いを求めていた。平安時代は時代が下るにつれて戦乱や災害が相次いだが、時の朝廷はこれにまったく無力だった。そのため、世も末であるという末法思想が流布する。

末法思想とは釈迦が入滅して二千年が経過すると、末法の時代に入って仏法が衰え、世の中は乱れるという思想である。折しも、平安中期にあたる永承七年（一〇五二）が末法の時代の初年にあたるとされていた。

世の中の行く末を悲観視するあまり、来世で極楽往生することを願う風潮が当時は非常に強かった。よって、難行苦行の旅であるにもかかわらず、熊野詣のブームが到来したわけだが、上皇や貴族たち上流階級にとっては信仰に名を借りた楽しい旅行という側面もあった。

熊野詣を通して、熊野古道での上皇や貴族の旅を再現する。

■熊野三山の成立と修験者

和歌山県東牟婁郡《ひがしむろ》に鎮座する熊野三山は相互に二十〜四十キロメートルほど離れており、もともとは別々の神を祀る社だった。本宮は熊野坐大神（家都美御子大神《けつみみこのおおかみ》）、新宮は熊野速玉大神《はやたまの》、那智は結神《むすびのかみ》（夫須美大神《ふすみの》）を祀っていた。

平安時代も後期に入ると、三神が一体化して熊野三所《さんしょ》権現と呼ばれるようになる。権現とは仏が化身して日本の神として現れることであり、熊野権現とは日本固有の神の信仰と仏教信仰を折衷して融合・調和させる神仏習合に基づく神号だった。

そして仏は神が姿を変えたものとする本地垂迹《ほんじすいじゃく》説のもと、三神の本地仏は阿弥陀如来（熊野坐大神）、薬師如来（熊野速玉大神）、千手観音（結神）であると説明された。要するに、阿弥陀如来にすがれば西方極楽浄土、薬師如来にすがれば東方瑠璃光《るりこう》浄土、千手観音にすがれば補陀落《ふだらく》浄土で往生できるとされたため、人々は我も我もと熊野詣に走ることになる。

熊野三山は奥深い山間地域に鎮座していた。交通事情の悪い当時としては簡単にお参りできるような場所ではない。だが、それゆえに難行苦行を経て参詣すれば、来世は念願の極楽浄土で往生できると強く信じられていた。

こうして、熊野詣のブームが湧き起こるが、そこでは修験者が大きな役割を果たした。修験者とは修験道の修行者のことで、山伏とも呼ばれた。頭に兜巾《ときん》を被《かぶ》り、体には篠懸《すずかけ》と結袈裟《ゆいげさ》を身に着けていた。背中には笈《おい》を負い、手で金剛杖をつき、法螺貝を鳴らして山野をめぐった。

大陸から仏教が伝来する前から、日本では山岳信仰が盛んだった。山岳信仰は山に超自然的な威力を認めた信仰だが、山岳信仰と仏教が結びつくことで、山中での修行を重んじる山岳仏教そして修験道（修験宗）が生まれる。ちなみに、その祖は最初に富士山に登山したと伝えられる「役小角《えんのおづの》」（役行者《えんのぎょうじゃ》）であった。

修験道は山中での修行により、霊現をもたらす呪力の獲得を目指した。修験者は修行で身に付けた呪力を通じて俗世での様々な願望や欲求に応え、人々の支持を集めた。すなわち、加持《かじ》祈禱を行った。

なお、修験道には天台宗系の本山派修験と真言宗系の当山派修験の二派があった。熊野三山で修行を積み、同所を拠点とした修験者は本山派に属した。

修験者のなかには、三山に属する御師《おし》として参詣者の精進潔斎《しょうじんけっさい》や宿泊の世話をする者もいた。御師とは、各地で信徒の集まりである講の結成を働きかけて参詣を促す一方で、参詣の折には自分の屋敷（宿坊）に宿泊させ、仲介者として祈願を神社に取り次ぐ神職のことである。

　御師の配下として参詣者を先導する修験者は、別に先達と呼ばれた。熊野詣の場合も、修験者が先達として随行することになっていた。

ロいくつものルートを持つ熊野古道

　熊野三山に通じる熊野古道にはいくつかのルートがあるが、古くから存在したのは紀伊路・中辺路《なかへち》と伊勢路のルートだった。

　紀伊路は京都から淀川を船で下って摂津渡辺で上陸した後は、一路南下して紀州田辺へと向かう街道である。田辺からは道を東に取って山中に入り、本宮へ向かった。この田辺・本宮間を中辺路と称した。紀伊路・中辺路ルートは、中世における熊野詣のメインルートであった。

　本宮からは熊野川を下って新宮、次いで徒歩で那智に向かった。三山順拝が終わると、同じ道を引き返す形で本宮に戻った。淀川と熊野川の往復を除き、徒歩が原則だったが、そのはじまりは寛治四年（一〇九〇）の白河上皇の熊野詣とされている。

京都から本宮までは約三百キロメートル、本宮・新宮・那智の三山順拝が約百二十キロメートル。これに帰路を加えると、往復七百キロメートル以上にもなった。そのため、熊野詣には二十～三十日を要したが、帰路では馬を使うこともみられた。

江戸時代に入ると、紀伊路・大辺路《おおへち》と紀伊路・小辺路《こへち》が登場する。前者は紀伊路の田辺から海岸沿いに、そのまま那智浜の宮へと進む街道で、後者は紀伊路から高野山を経由して本宮に向かう街道だった。

伊勢路は伊勢神宮近くの伊勢田丸から長島に出て、海岸沿いに新宮まで向かう街道である。徒歩を原則とした紀伊路に対し、伊勢路は長島から新宮まで船で行くこともできたため、楽だったという。しかし、先達を務める修験者は道中での苦行を求めたため、山道が多い紀伊路を選択することが多かった。

そのほか、大峯奥駈道《おおみねおくがけみち》もある。修験者が修行として使った大和の吉野山と本宮を結ぶルートであった。

■熊野詣のブームを牽引した熊野御幸

上皇・法皇による熊野詣の嚆矢は、延喜七年（九〇七）の宇多法皇による参詣である。寛和二年（九八六）と翌永延元年（九八七）には花山法皇が参詣した。その後、貴族による熊野詣が盛んとなるが、朝廷の政治スタイルが貴族（藤原氏）による摂関政治から上皇（法皇）による院政へ移行すると、上皇や法皇が熊野詣のブームを牽引していく。上皇・法皇の熊野詣は「熊野御幸《ごこう》」と称された。

院政を開始したことで知られる白河上皇は寛治四年を皮切りに、計九回にわたって熊野御幸を行っている。鳥羽上皇（法皇）の熊野御幸は二十一回、御白河上皇（法皇）は三十四回、後鳥羽上皇は二十八回を数えた。毎年のように熊野詣をしたわけだが、その回数が多いほど功徳が深まると信じられたことが背景にあった。

皇族や貴族による熊野詣は紀伊路・中辺路を経由したが、以下のような手順を踏んで熊野に向かっている。

まず、参詣に先立って自身が精進を行った。精進とは心身を清めて行いを慎むことで、肉食せずに菜食することもそのひとつであった。

精進をはじめる日や方位は、事前に加持祈禱を生業とする陰陽師《おんみょうじ》に占わせている。参詣の日程も同様だ。それらが決まると、精進屋に一週間ほど籠もって精進潔斎した。ネギやニラ、ニンニクなど匂いのする野菜、肉、魚を断つだけではない。言葉や行いも慎んで身を清めることで、道中の加護を祈願した。

精進屋での精進潔斎の期間が終わると、白色の山伏衣裳を身にまとい、頭巾をかぶり、杖を持った姿で熊野詣に旅立った。先達を務める修験者が道案内にあたったが、道中の作法も以下のように指導している。

毎日、出発前の朝と夜には水を浴び、髪も洗うよう求めた。そのうえで祓いを行った。道中では禊《みそぎ》の場所が定められており、川を渡る際には水垢離《みずごり》、海浜では塩垢離、温泉では湯垢離をさせた。水、塩、湯を浴びることで、心身を清めさせた。

沿道には、熊野権現の分霊を祀る王子社が数多く鎮座していた。それは「九十九《くじゅうく》王子」と称され、摂津渡辺を起点として熊野までの沿道にびっしりと並んでいた。分霊を祀っている以上、巡拝しながら紀伊路を進むことになる。

数多の王子のうち数カ所では、先達の指導のもと奉幣など神仏習合の儀礼とともに、法楽が執り行われた。法楽とは和歌や芸能を神仏に奉納することである。

すなわち、神楽が奏され、和歌が詠まれ、今様歌《いまようた》（平安中期から鎌倉初期にかけて流行した新様式の歌）が唄われた。そのほか、白拍子による舞や相撲なども披露された。王子の前で法楽を催すことにより、熊野権現と慣れ親しみ、その心を慰めて権現と一体になろうという意図が込められていた。

こうした法楽の数々は一種の娯楽イベントであった。都で堅苦しい日々を強いられた上皇や貴族たち上流階級にとり、熊野詣が楽しい旅行の側面を持っていたことを象徴するイベントだった。

上皇など皇族の場合は、輿に乗って熊野詣をするのが通例である。だが、紀伊路から中辺路に道を取り、熊野の神域の入り口とされた滝尻王子まで来ると、以後は本宮まで徒歩で進むのが原則である。鳥羽法皇などは、修験者に身をやつして歩いたという。

熊野詣が終わると、往路をそのまま引き返して京都に戻った。帰宅後は沐浴して髪を洗い、魚などを食べて精進潔斎を解いた。

ここに、往復で一カ月前後にも及ぶ参詣の旅は終わる。

ロ莫大な出費を強いた熊野御幸

時の上皇や法皇が毎年のように熊野三山に参詣したことで、いわゆる院政時代に熊野詣のブームが湧き起こった。末法思想が広く流布したことを背景に、そこには来世で極楽往生を遂げたい強い思いが込められていたことは既に述べた。

当時は、京都を舞台に激しい権力闘争が繰り広げられ、保元・平治の乱、そして源平の争乱が起きた殺伐とした時代である。上皇や法皇としては権力闘争や戦乱の舞台だった京都を一時的に離れて奥深い熊野三山に向かい、来世だけでなく現世の安穏も得たい気持ちが募ったことは想像に難くない。それは権力の安定と存続を願う気持ちでもあった。

だが、上皇や法皇たちによる頻繁な熊野御幸は、朝廷を構成する公家たちの間では批判の声が強かった。莫大な費用がかかったからである。

上皇や法皇の熊野詣となると、一行の人数は数百人にも膨れ上がる。公家も大勢随行したため、御供の者も含めればそれだけの人数となる。

道中では数百人分の食事のみならず、休憩所や宿所も遺漏なく準備しておかなければならない。熊野三山に備える供物やお布施だけでなく、巡拝する数多の王子社への供物・お布施も必要だ。法楽の費用や、道中での施行《せぎょう》に要する費用もかかっている。功徳を得るため、熊野詣の道中では貧しい人々に施行、つまりは物を施すという善行を積むのが定番だったからである。

熊野御幸に要した費用が総額で莫大なものとなったのはいうまでもない。それも毎年のことであり、国家財政の大きな負担となるのは避けられなかった。

鎌倉時代前期の歌人として知られ、『新古今和歌集』の撰者の一人としても名を残した公家の藤原定家は、後鳥羽上皇の熊野御幸に随行したことがあった。その随行記である『後鳥羽院熊野御幸記』には、王子社で執り行われた奉幣や法楽、道中での水垢離や塩垢離の様子などが詳細に記録されている。

だが、熊野御幸に莫大な費用がかかっていたことには非常に批判的であった。国家の衰弊を招いていると、『明月記』の建暦元年（一二一一）十一月十二日条で糾弾したほどだった。『明月記』は定家の日記で、鎌倉時代前期の研究では第一級の史料と評価されている。

そんな批判にもかかわらず、上皇や法皇が熊野御幸を自粛することはなかった。だが、ある大事件を契機に熊野御幸はもちろん、貴族による熊野詣は下火となる。

■主役交代で再び賑わう熊野詣

承久三年（一二二一）に、後鳥羽上皇は鎌倉幕府を仕切っていた執権北条義時の討伐を命じる院宣《いんぜん》を下し、幕府との合戦に突入した。承久の乱である。

上皇としては反北条氏の勢力が馳せ参じてくることを大いに期待したが、その期待は裏切られる。上皇に味方する者は少なく、結局のところ幕府の大軍の前に敗北した。乱を起こした責任を問われた上皇は隠岐に配流され、上皇に味方した者も同じく処罰されたが、そのなかには熊野三山の関係者が大勢いた。

熊野御幸の回数が二十八回を数えたように、上皇は熊野三山の参詣にたいへん熱心だった。承久の乱が起きた承久三年にも参詣しているが、三山に対する篤い信仰心を示すことで、幕府との合戦の際には馳せ参じてくれることを期待する意図もあったはずだ。実際、三山の関係者は多数馳せ参じた。

だが、承久の乱は上皇の敗北に終わった。当然ながら、熊野三山は処罰者を多数出したが、それだけではない。朝廷との関係に亀裂が生じた結果、蜜月関係も事実上終わりを告げる。

承久の乱を境に、皇族や貴族を担い手とした熊野詣は衰退していく。

熊野詣が再び息を吹き返すのは室町時代に入ってからである。地方の武士や庶民による熊野詣が盛んになったことで、「蟻の熊野詣」と称されるほどのブームが到来する。

そんな熊野信仰拡大の背景としては、熊野三山に属する御師（修験者）の活動が指摘できる。信仰の拡大になくてはならない存在だった御師は、いわば三山の代理店として熊野信仰を説き、参詣を熱心に勧誘した。

さらに、熊野三山は女性でも参詣できた。同じく山岳信仰の紀州高野山が女人禁制であったのとは対照的だった。

熊野信仰の拡大に貢献したのは御師だけではない。熊野比丘尼《びくに》と呼ばれた僧形の女性たちが、「熊野参詣曼荼羅」などの絵解きを通して参詣を勧誘した。熊野参詣曼荼羅とは三山の案内絵図のことだ。

こうした熊野三山の御師や熊野比丘尼の活動を背景に、熊野詣は息を吹き返す。熊野古道を行き交う人も増えた結果、紀伊路・中辺路に加えて、紀伊路・大辺路と紀伊路・小辺路という新たな熊野古道も誕生するのである（池田雅之・辻林浩『お伊勢参りと熊野詣』かまくら春秋社）。

12

なぜ西国街道は五街道にまさるとも劣らず賑わったのか

兵庫県たつの市　室津　本陣 肥前屋跡　　写真：アフロ

西国街道

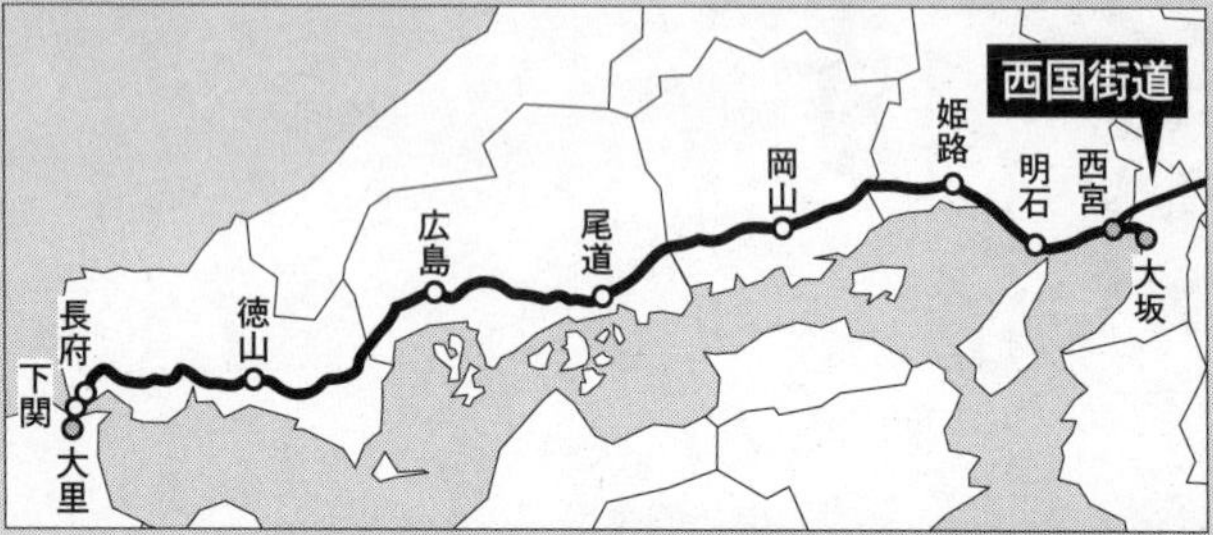

「山陽道」とも呼ばれた西国街道は古来、重要なルートだった

脇街道に格下げされた西国街道

山陽道とも呼ばれた西国街道は、京都や奈良などの都と日本の玄関口・九州を結ぶ道として、古来、非常に重要視された。江戸時代の五街道に喩えると、東海道のような位置付けであったといえよう。

江戸時代に入ると江戸が日本の中心となったため、西国街道の位置付けが相対的に低下したことは否めない。江戸を起点とする主要街道が五街道とされ、西国街道は脇街道として五街道の下に格付けされる。

しかし、江戸中期以降、西国街道は非常に賑わう。何といっても、参勤交代で西国街道を利用する大名が増えたことは大きかった。それまでは、瀬戸内海を船で進む大名が大半だったが、陸路つまりは西国街道に切り替える事例が増えはじめる。ついには、西国街道を利用する大名の方が大半となった。

西国大名が参勤交代のルートを陸海路併用から陸路一本に切り替えた背景を解き明かすことで、西国街道が繁栄した理由に迫る。

ロ陸海路を併用した西国大名の参勤交代

江戸前期、西国つまり九州・四国・中国地方の大名は参勤交代の際に、陸路と海路を併用するのが通例であった。海路といっても江戸と国元の間を船で往復できたわけではなく、大坂より東には進めなかった。往復が許されたのは、大坂と国元の間だけだった。

幕府は江戸防衛の観点から、諸大名が船で江戸湾に乗り込んでくることを懸念していた。陸路ならば街道を閉鎖することで諸大名の江戸への進撃を防げたが、海路となると防ぎようがなかったことから、西国大名が海路を取って参勤する場合は大坂までとしたのである。

そのため、瀬戸内海を船で進む場合は大坂で上陸することになるが、実際は大坂湾まで進まず、かなり手前にあたる播磨国室津港《はりまのくにむろつ》（現兵庫県たつの市）で上陸することが多かった。室津から西国街道に出て、江戸へ向かった。国元に戻る時は江戸から室津までが陸路で、室津からは海路であった。

こうして、室津は参勤交代で上陸してくる西国大名の宿泊所として栄える。大名が宿泊する本陣も置かれたが、その名称は薩摩屋、肥前屋、筑前屋などである。それぞれ、薩摩藩、佐賀藩、福岡藩専用の本陣だった。

中国地方の大名の場合、広島藩や岡山藩など瀬戸内海側の大名は領内の港から船に乗り込んで室津へ向かったが、日本海側の大名も瀬戸内海に出たうえで海路を進んでいる。石見《いわみ》津和野藩は津和野から山を越えて西国街道の宿駅である安芸廿日市まで出た後、船で瀬戸内海を東に向かった。ちなみに、津和野から廿日市までの街道は津和野街道と呼ばれる。

四国地方の大名の場合、瀬戸内海側の大名は船でそのまま瀬戸内海を進んでいる。伊予宇和島藩は城下から船に乗り、伊予灘から瀬戸内海に入って室津で上陸し、西国街道を東へ進んだ。

一方、太平洋側の大名は当初瀬戸内海を経由しなかった。土佐藩などは領内の浦戸港から土佐湾沿いを進みながら紀伊水道へ向かい、大坂湾に入っている。紀州に上陸した後、和歌山と伊勢松坂を結ぶ和歌山街道（伊勢街道）を経て江戸に向かうこともあった。

九州地方の大名の場合は、同じく城下や領内の港から船に乗り、東の豊後水道あるいは西の天草・玄界灘を経由して瀬戸内海に入っている。その後室津などに向かったが、江戸から一番遠い薩摩藩が参勤交代で取ったルートには、①東目筋コース、②西目筋（小倉筋）コース、③西廻りコースの三つがあった。

東目筋コースは、まず鹿児島から日向細島港まで陸路を進んだ。そして細島港から船に乗り、豊後水道や瀬戸内海を経由して室津などに向かうルートである。西目筋コースは鹿児島から熊本を経由して豊前小倉まで陸路を進み、その後瀬戸内海を進むルート。西廻りコースは鹿児島から薩摩街道出水筋《いずみすじ》を進み、途中の久見崎、京泊《きょうどまり》、阿久根、出水などの港から船に乗った。天草・玄界灘を回って小倉に向かい、そのまま関門海峡を越えて瀬戸内海を進むルートである（新人物往来社編『歩きたくなる大名と庶民の街道物語』新人物往来社）。

江戸前期は主に東目筋コースや西廻りコースが取られたが、中期以降に入ると西目筋が主流となる。後述するように、海難事故などの問題が背景にあった。

◘大船団、海を行く

参勤交代の折、西国大名は数艘から数十艘にも及ぶ大船団を組んで瀬戸内海などを進んだが、旗艦ともいうべき大名が乗る船は御座船と呼ばれた大型船である。御座船とは屋形を積載した構造を持つ船のことだが、もとを正せば軍船だった。泰平の世に入って、海戦用の船が参勤交代の交通手段に転用された。

屋形内には、畳敷きの御座の間（大名の居室）が置かれた。天井は漆塗りの格《ごう》天井で壁は大和絵で装飾されるなど、あたかも城内にいるかのような雰囲気が保たれた。屋形全体は幟や旗で豪華に飾り立てられた。

戦国時代に活躍した毛利水軍を抱える長州藩の御座船は「万祥丸」という船名であった。徳島藩の御座船は「至徳丸」、薩摩藩の御座船は「万歳船」、熊本藩の御座船は「波奈之丸」「泰宝丸」だが、長州藩の船団は次のような編制になっていた。

元禄十年（一六九七）の参勤時に、長州藩は七十四艘の船団を組んだが、御座船の万祥丸は四十八丁の櫓で操船された。二人一組で漕いだため、漕ぎ手は九十六人必要となる。予備の御座船・左隼丸は四十二丁の櫓、同じく右隼丸は三十二丁の櫓で操船された。

御座船以外の大型船としては、五十丁の櫓で操船された禎祥丸、福聚丸、若生丸などがあった。家臣たちが乗船したのだろう。そのほか、水船、駕籠船、馬船、目付船、煮方船などで船団は構成された。水船は飲み水を乗せた船、駕籠船は殿様が乗る駕籠を乗せた船、馬船は馬を乗せた船、目付船は目付の役人を乗せた船、煮方船は殿様の食事を作る料理人を乗せた船であった。

侍、足軽、中間、六尺合わせて七百五人が乗船したが、これに船頭や水夫が加わった。自領の周防国《すおうのくに》三田尻港から出港した船団は、時速三～八キロのペースで瀬戸内海を東へ向かった。

他藩をみると、熊本藩は安永六年（一七七七）に四十七艘の編制で参勤している。乗船したのは七百八十人で、馬も七疋乗り込んでいる。小倉藩は寛政五年（一七九三）に四十五艘の編制で参勤した。乗船したのは五百十八人だった。

薩摩藩は合わせて五十艘の船団で出港している。御座船の前方に四十二艘、後方に七艘を従わせる編制だ。すべてが藩の持ち船ではなく、徴用した船もあった。

海路による参勤の際には、「船唄組」が「御船唄《おふなうた》」を唄うのが恒例となっていた。船唄とは、水夫が艪や櫂を押しながら唄う歌のことである。

御座船の発着時に船唄が唄われたが、歌に合わせて踊りも披露したという。殿様の無聊を慰める目的もあったのだろう。

■海路から陸路への切り替え

江戸前期、西国の大名は船団を組んで瀬戸内海や九州の海を進むのが定番であり、西国街道を利用した大名はほとんどいなかった。大船団を連ねて航行する勇壮な姿は、自家をアピールするには絶好の機会と映ったからだろう。

寛永十四年（一六三七）十月に九州で島原の乱が勃発するが、その頃、大坂と西国を行き来した幕府の役人も西国街道を利用しなかったという。瀬戸内海を船で移動した。

岡山藩の事例でみると、名君として知られる藩主池田光政は同十九年（一六四二）から寛文八年（一六六八）まで、参勤交代の際に岡山・大坂間を海路で移動している。その後も岡山藩は船団を組んで瀬戸内海を進んでおり、それは元禄末期まで続いた。

だが、宝永二年（一七〇五）以降、海路を取ることは減り、西国街道を利用するようになる。折しも江戸開府から百年ほど経過した五代将軍綱吉の時代にあたる。

元禄・宝永期に入っても、総じて西国街道を利用する大名は少なかったが、正徳年間（一七一一～一七一六）に入ると、長崎奉行などの幕府役人や大名が参勤交代で利用する事例が増えはじめる。その後は西国街道を利用するのが一般的となった。

例えば、広島藩は宝暦四年（一七五四）頃を境に海路を止め、西国街道を利用することがほとんどとなる。長州藩なども、享保十二年（一七二七）に海路は止めて西国街道に切り替えていた。

この傾向は中国地方の大名にとどまらなかった。九州地方の大名でも、佐賀藩などは船団を組んで瀬戸内海を進むことがほとんどなくなる。佐賀を出立して小倉まで陸路で進み、関門海峡だけ船に乗って下関に渡ったのである。

このように、時代が下るにつれて陸路を使用する大名が増えてくる。これは瀬戸内海に限ることではなく、海路での参勤交代は減少傾向に入る。その理由としては次のような裏事情が指摘されている。

■海難事故、読めない天候、船舶の維持管理費

まずは、海難事故の懸念である。

当初、土佐藩は瀬戸内海には出ず、土佐湾から紀伊水道へ進む太平洋経由のコースを取ることが多かったが、当時の航海技術からすると、太平洋の航海は相当な危険を

伴った。遭難する事例が少なくなく、大名をそんな危険に晒すことは躊躇《ためら》われた。

太平洋を無事に航海できれば、陸路で瀬戸内海沿岸に出たうえで海路を取るよりも日程はかからなかった。しかし、万が一遭難して大名に何かあれば、御家断絶の危険に直面することになる。

そのため、享保三年（一七一八）からは太平洋経由のコースを取り止めている。高知城下から四国を北上して讃岐まで出た後、瀬戸内海を経由して大坂に向かうことになった。

享保十年（一七二五）には、長州藩の船団が瀬戸内海で海難事故を起こす。五代目藩主の毛利吉元が江戸参勤の途中、御供船のうち天長丸が遭難し、死者と行方不明者合わせて十九人を出している。

太平洋の航海に比べれば危険度は低かったかもしれないが、瀬戸内海でも海難事故に遭う可能性はゼロではないことを証明した惨事だった。前述のとおり、同十二年に長州藩は瀬戸内海経由のルートから西国街道に切り替えているが、この海難事故がきっかけであったことは間違いないだろう。

天候面も無視できない。たとえ海難事故には至らずとも、海が荒れることは稀ではなかった。逆に、風が吹かないため足留めを食うこともままみられた。当時は帆船であるから、風次第にならざるを得なかったのだ。

その結果、参勤交代の予定が大幅に狂うことも珍しくなかった。予定していた日程が遅延してしまうわけだが、帰国の場合はともかく、江戸への到着が遅れることは絶対に避けなければならなかった。

江戸の武家社会の憲法ともいうべき武家諸法度で、幕府は諸大名に参勤交代を義務付けたが、江戸参勤の日はあらかじめ指定していた。幕府の指定日には江戸に到着していなければならず、理由なく遅れれば懲罰の対象となった。

名誉と体面を重んじる武家社会において、遅参とはこれ以上ない恥辱である。戦場では一番乗りが武門の名誉とされた時代であった。

海難事故や天候のほか、それに伴う費用の面もネックだった。予定が遅れれば、そのぶん余計な費用もかかった。宿泊予定の旅籠屋をキャンセルすれば、補償の問題は避けられない。読めない天候から派生する様々な問題も海路を忌避する要因となっていた。

さらに、いずれの西国大名も、数十艘にも及ぶ船の維持管理に莫大な費用を要していた。参勤交代で使用するのは一年に一回のことであり、それも大半の西国大名にとっては順風ならば十日前後の航海にすぎない。そのわずかの期間だけのために、莫大な費用をかけて多数の船舶を維持管理するのはあまりにコスパが悪かった。船は老朽化すれば、これまた莫大な費用をかけて新造しなければならない。修繕も不可欠である。西国大名が保有する参勤交代用の船団はお荷物と化していた。

こうして、大半の西国大名は瀬戸内海を船で進むのではなく、陸路の西国街道を利用するようになる。海路での参勤交代はその姿を消していったが、使われなくなった戦国時代以来の御座船も同様の運命をたどる（丸山雍成『参勤交代』吉川弘文館）。

□西国街道繁栄の原動力となった参勤交代

江戸前期の段階では、西国街道の交通量はそれほど多くなかったとされる。西国大名の多くが参勤交代では瀬戸内海を往来したことが、その理由として指摘されている。

全国の大名が原則として一年おきに国元と江戸の間を行き来した参勤交代が、街道や宿場の経済を活性化させたことは論を俟《ま》たない。参勤交代の経費が諸大名の財政に大きな負担となったことは確かだが、そのぶん街道や宿場にはお金が落ちて賑わった。いわゆる鎖国の時代、国内の経済は内需に依存せざるを得なかったが、そこで参勤交代が果たした役割は実に大きかった。

そんな大きな経済効果が、海路では街道にもたらされない以上、西国街道は参勤交代の恩恵に浴することができなかったが、江戸中期以降になると事情が一変する。既述のとおり、海難事故、読めない天候、船舶の維持管理費などの問題を背景に、西国大名は海路での移動を取り止め、西国街道の利用に切り替えたからである。

西国街道でも、もともと広島城下（広島宿）など賑わっていた場所はあった。かつて西国街道は広島城の北側を走っており、城下は通っていなかったが、関ヶ原の戦い後に広島城を居城とした福島正則は、城下の東西を貫通するルートに変更する。西国街道を取り込むことで、城下の賑わいを増したい狙いがあった。こうして、広島が中国地方最大の城下町として繁栄する基盤が整えられていく。

要するに、江戸前期の段階では西国街道全ルートを通して活況を呈するまでには至らなかったのだが、江戸中期以降、参勤交代で利用する西国大名が増えはじめると、交通量は増加の一途をたどる。西国大名の通行を受けて街道の整備が進められるなど、交通の便もはかられた。

西国大名のなかでも大藩である長州藩の一行などは、総勢六百～七百人であった（『岡山県史』第七巻）。それだけの大人数が西国街道を毎年行き来するようになったわけだが、西国大名全体では、十万人以上にもなっただろう。

ようやく参勤交代の恩恵を受けることになった西国街道は、繁栄の道を再び歩みはじめるのである。

13

お遍路道はどのようにして生まれたのか

徳島県　四国霊場第8番　熊谷寺　弘法大師像と大師堂　　写真：アフロ

お遍路道

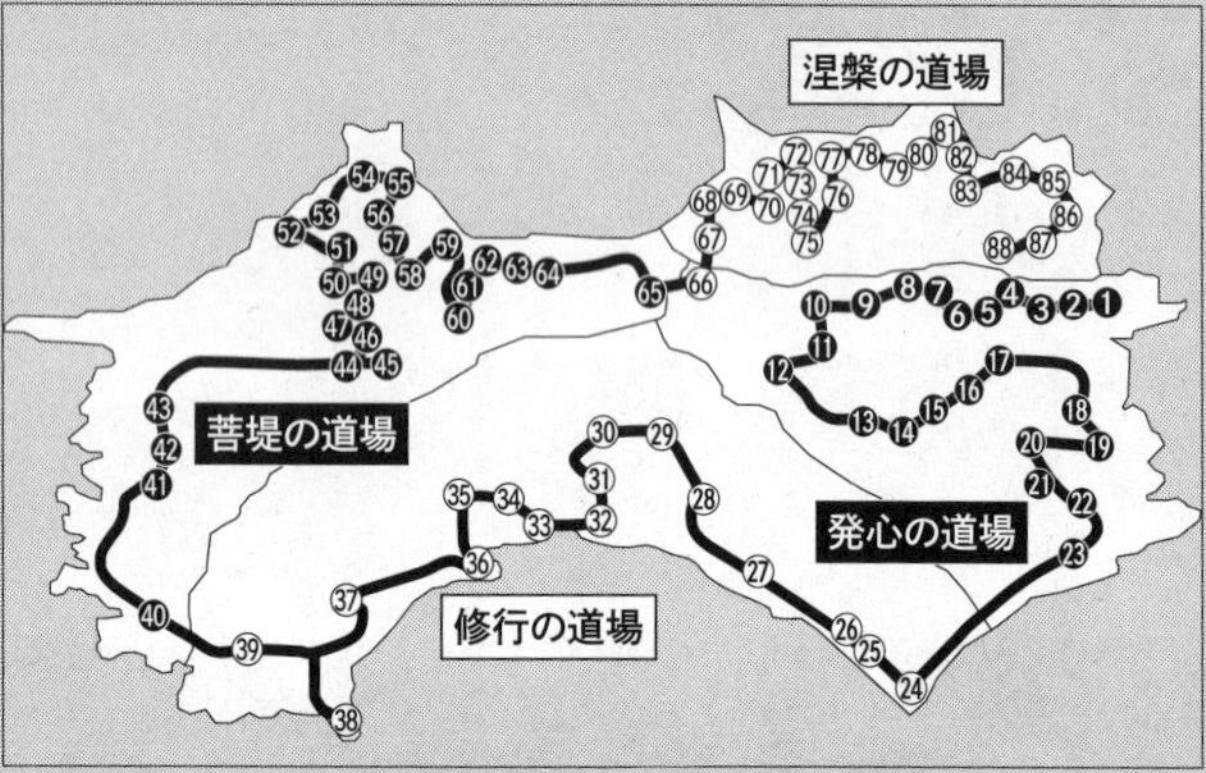

四国八十八か所の札所巡りは他の巡礼と一線を画している

ロ四国遍路という歴史文化遺産

何らかのテーマのもとに選定された霊場を廻る札所めぐりは、近年非常に人気がある。旅行気分が味わえるとともに、信仰心も満たされることが理由だろうが、霊場をいくつも廻れることも魅力的なのではないか。

札所めぐりは実にバラエティーに富んでいる。メジャーな坂東三十三観音めぐり、秩父三十四観音霊場めぐり、西国三十三所観音めぐりのほか、各地域の霊場を参拝（巡礼）する札所めぐりも数知れずだが、そのなかでも四国八十八カ所の札所めぐりは他の巡礼と一線を画しているイメージがある。

札所めぐりが大衆化することで、本来の宗教的な要素が希薄になったことは否めない。歩いて廻ることも信仰心の表れに他ならないが、現在ではバスや自動車などの交通手段を使って廻るのが一般的である。霊場を持つ寺院で下車し、お参りが終わって御朱印を納経帳などに頂戴すると、再び乗車して次の札所に向かうのがお決まりのパターンだ。

四国八十八カ所を巡礼する人は「お遍路さん」と呼ばれる。八十八カ所の札所めぐりも現在では同じく大衆化したが、「歩き遍路」の姿がいまだみられるように、昔ながらのスタイルを色濃く残しているのもまた事実である。

お遍路さんが歩いた道は「お遍路道」と呼ばれている。白衣や袈裟を身に着け、金剛杖をつきながらお遍路道を歩く人の姿は今も絶えない。

もとを正せば、弘法大師こと空海ゆかりの地として伝えられる霊場を、僧侶が修行のために廻ったことから四国遍路ははじまった。つまり、ストイックさが求められる巡礼としての前史があり、白衣や袈裟といったファッションはストイックさのシンボルだった。

そんな四国遍路の歴史をさかのぼることで、お遍路道が誕生するに至った経緯を解き明かしていく。

□空海と四国

俗に、四国遍路は平安時代に空海によって開創されたといわれるが、それは伝説でしかないという。空海開創の説が唱えられたのは明治時代で、四国遍路のスタイルが誕生したのは江戸時代に入ってからである。空海説が唱えられる前には、その高弟である真済《しんぜい》開創の説もあったが、いずれの説も確たる根拠はない。

空海説が唱えられた理由としては、空海ゆかりの霊場であったことはもちろん、四国との深いつながりを指摘できるだろう。

奈良時代後半の宝亀五年（七七四）に、空海は讃岐の郡司の家に生まれた。郡司とは地方の有力者のなかから任命され、朝廷が派遣した国司の下で郡の統治にあたった者のことである。

延暦十年（七九一）、十八歳の時に空海は都にのぼり、高級官僚を養成する大学に入った。地方の豪族出身の空海としては讃岐で一生を終えたくはなく、朝廷の官吏として栄達することを夢見たのだろう。

ところが、大学の勉強に飽き足らず、まもなく退学してしまう。山林での修行を開始し、仏教の道に入った。

やがて、ある僧侶からのアドバイスを受けて、讃岐の屛風浦、阿波の大滝岳、土佐の室戸岬、伊予の石槌山などで修行に励み、「求聞持法《ぐもんじほう》」を修得した。求聞持法とは記憶力を増進させる手法であった。

このように、空海が四国の山野や海辺を歩いて修行したことを参考に、後世の僧侶たちは同じ場所を修行のため廻るようになる。これが四国遍路の原型とされる。

空海にとって、四国は生まれ故郷であるだけでなく、求聞持法を修得した修行の地であった。そして、四国での修行を契機に空海は出家し、弘法大師と称される名僧への道を邁進した。そんな四国との深いつながりも、四国遍路の空海開創説の背景になったのだろう。

その後、延暦二十三年（八〇四）に遣唐使一行とともに唐に渡り、真言宗を学んだ。大同元年（八〇六）に帰国した後は、朝廷のバックアップのもと高野山に金剛峰寺を建立した。京都では教王護国寺（東寺）を賜った。天台宗を開いた最澄とともに、平安時代の仏教界をリードする旗手として活躍する。

ロ実はわかっていない四国遍路の起源

四国遍路は空海ゆかりの八十八カ所の霊場を廻るものだが、そのはじまりは阿波国だった。

阿波二十三カ所の札所は「発心の道場」とされ、修行への志を固める霊場であった。次の土佐十六カ所の札所は「修行の道場」とされ、みずからと向き合い苦闘する霊場。続けて伊予二十六カ所の札所は「菩薩の道場」とされ、迷いから解かれる霊場。

最後の讃岐二十三カ所の札所は「涅槃の道場」とされ、結願《けちがん》成就して悟りを開く霊場であった。この四カ国に点在する八十八カ所をめぐるお遍路道は全長千四百キロメートル以上にも及び、四国四県にまたがる街道となっていた。

霊場を持つ八十八の寺院には、本堂のほかに空海を祀る大師堂があり、巡礼の際には二つの御堂をお参りすることが求められた。寺院の大半は空海を開祖とする真言宗だが、臨済宗や天台宗の寺院もあった。宗派とは関係なく、空海とのゆかりを理由として札所が設定されたことがわかる。

だが、僧侶による修行が原型とされる四国遍路の歴史については、不明な点が今なお多い。

西国三十三所観音めぐりは平安末期にはじまるとされるが、四国遍路については誰がいつはじめたのかがよくわかっていない。一番から八十八番までの巡礼のコースがどのように決まったのかもわからないが、江戸時代に入ると、庶民もお遍路さんとして巡礼するようになったことだけは間違いない。具体的には五代将軍綱吉の時代にあたる貞享・元禄期以降、庶民による四国遍路のブームがはじまる。

その結果、現在のような四国遍路のスタイルが誕生し、お遍路道も定められていった。

泰平の世である江戸時代は旅行ブームが到来し、庶民による寺社の参詣とりわけ札所めぐりが盛んとなった時代だった。そんな時代の雰囲気に乗る形で四国遍路のスタイル、お遍路道も整えられたのである。

ロ江戸の旅行ブームを牽引した寺社参詣

江戸時代というと身分制度に縛られて移動の自由が制限される印象が今なお強いが、それは事実ではない。往来手形さえ持っていれば、移動の自由は保障されていた。往来手形は寺請《てらうけ》制度に基づいて檀那寺《だんなでら》が発給した。当時は身分の別にかかわらず、いずれかの寺院の檀家（檀那）となることが幕府から義務付けられており、その檀那寺が身元を証明するシステムだった。これを寺請制度という。

このシステムに基づき、檀那寺は往来手形を発給した。往来手形は道中手形とも称され、領外へ旅行する場合は携帯が義務付けられたが、女性が箱根など幕府が設けた関所を通過する際には幕府が発行した関所手形も必要である。往来手形に比べると、その発給手続きはたいへん煩雑であった。

さて、江戸中期にあたる元禄期は高度経済成長がピークに達して、元禄文化が花開いた時代である。そんな経済の発展が旅行できるだけの経済的余裕を庶民にもたらし、同時期に江戸最初の旅行ブームが到来したとされているが、きっかけとなったのは寺社への参詣だった。領外に旅行する場合は身元証明書である往来手形が必要とされたが、寺社参詣を理由にした旅行の場合は発給されやすかった。

こうして、寺社参詣を方便とした旅行が盛んになる。伊勢神宮への参詣（お伊勢参り）に至っては熱狂的な群参が繰り返し起き、「お蔭参り」と呼ばれた社会現象にまで発展したことはよく知られている。

関所にしても検査が厳格だったイメージは今なお強いが、それは必ずしも事実ではない。関所手形がなくても通過させてしまう事例は別に珍しくなかった。袖の下次第というのもごく普通のことである。関所での検査の緩さも追い風となり、庶民の旅行は非常に盛んとなる。

そんな時代背景のなか、貞享・元禄期に入ると、お遍路さんが四国の霊場を廻る姿が目立ちはじめる。お遍路道の誕生も時間の問題となるが、それは江戸の旅行ブームのはじまりと時期を同じくしていた。

□四国遍路のガイドブックの登場

貞享・元禄期以降、庶民による四国遍路のブームがはじまるが、その火付け役となり、ブームを後押ししたものに案内記の刊行が挙げられる。ここでいう案内記とは四国遍路についての手引書、ガイドブックのことである。

霊場のめぐり方などを紹介した案内記は人気を呼ぶが、その最も古いものは貞享四年（一六八七）刊行の『四国遍路道指南《みちしるべ》』とされる。著者の宥弁真念《ゆうべんしんねん》は延宝・天和年間（一六七三〜一六八四）に四国遍路を十数回行った人物で、空海への信仰を説きながら諸国で寄付集めに従事した高野聖《こうやひじり》という。札所めぐりの実体験に基づいて編纂・刊行されたガイドブックだった。

同書では八十八カ所の札所が現行の順番通りに配列されている。札所の地勢や本堂の向き、所在地名が記された後、本尊の図様が掲げられ、その立坐の別、本尊名、作者名、御詠歌が載せられるスタイルの記述であった。札所から札所への道案内として、通過する村落の名、通行する道の状態、橋の有無、渡し船の便、茶店や道標なども細かく紹介されていた。

お遍路道に残る伝説や由来譚《ゆらいだん》の記述もあるが、寺院の霊現や縁起についてはあまり触れていない。しかし、四国遍路の際の持ち物や参拝方法、宿の情報などは懇切に紹介されており、スムーズに札所をめぐるための情報紹介に徹したガイドブックであった。

例えば、事前に用意すべきものとして納札に必要な紙札と札を挟む板を挙げ、その長さは約十八センチメートル、幅は六センチメートル、表面には、「奉納四国中辺路同行二人」と書くようアドバイスしている。そのほか、負俵《おいだわら》（荷物を背負うリュックのようなもの）、弁当箱、蓙《ござ》、脛に当てる脚絆《あしなか》、足半草履（かかとが地面に付かない草履）なども持っていくよう勧めている。

四国遍路への関心が高まっていたことを背景に、『四国遍路道指南』はよく読まれた。出版から一年以内に第三刷まで版を重ねる。大坂のほか、四国でも売られた。

しかし、真念はこれに満足せず、別のガイドブックの編纂を企画する。札所寺院の由来、霊現譚、什物などを調査し、高野山宝光院の阿闍梨《あじゃり》である雲石堂寂本にそのデータを提供して編纂を依頼したのだ。

そして、元禄二年（一六八九）に刊行されたのが『四国偏礼霊場記』である。『四国遍路道指南』に欠けていた寺院の霊現や縁起がまとめられていた。

翌三年（一六九〇）には、真念が『四国偏礼功徳記』を編纂・刊行している。それまでの調査結果に基づいて、四国各地に残る空海の伝説や巡礼者に身をやつした空海の説話を紹介し、空海ゆかりの札所をめぐる四国遍路の功徳や、お遍路さんを厚くもてなすことの功徳を説いた内容となっていた。

一連のガイドブックの刊行を通じて四国遍路の普及に努めた真念の功績は大きかったが、それだけではない。お遍路さんのため、石で造った道しるべを二百以上設置したり、休憩・宿泊施設の庵を整備したことが、『四国偏礼功徳記』のあとがきで触れられている。これにしても、スムーズに札所をめぐるための環境整備であった。

その後、江戸中期の宝暦十三年（一七六三）には、札所の説明や札所から札所への案内を絵図で説明した『四国偏礼絵図』なども刊行された。視覚に訴えることで、四国遍路はさらに普及したのである。

ロ金毘羅参りとの相乗効果

江戸の旅行ブーム、そしてガイドブックや絵図の刊行を受けて活況を呈した四国遍路だが、八十八カ所めぐりにはどれだけの日数を要したのか。残された日記からは二

〜三カ月かけて廻っていることがわかる。

承応二年（一六五三）、真言宗の僧侶澄禅が四国遍路の旅に出ている。同年七月十八日に高野山を出立し、二十五日に海路阿波に到着した。十七番の井戸寺から巡礼を開始した八十八カ所めぐりは九十一日間にも及んだ。その時の日記が澄禅著の『四国遍路日記』であり、当時の四国遍路の様子を伝える貴重な史料と評価されている。

この時は真念の『四国遍路道指南』が刊行される前の段階であり、巡礼者はあまりいなかった。札所寺院の多くが荒廃し、住職がいない寺院まであった。お遍路道も整備されていなかったことは想像に難くない。そのぶん、四国遍路も時間を要したはずだ。

しかし、貞享・元禄期以降は四国遍路が活況を呈するようになる。その要因としてはガイドブックの刊行のほか、金毘羅参りも外せない。

「讃岐のこんぴらさん」として知られる現在の香川県琴平町に鎮座する金刀比羅宮《ことひらぐう》は、古来、海上交通の守り神として厚い信仰を集めてきた。江戸時代に入ると、同社への参詣が金毘羅参りとして全国的なブームを呼ぶ。

金毘羅参りには陸路と海路があり、陸路には金毘羅五街道と称された五つの街道があった。高松街道、丸亀街道、多度津街道、阿波街道、伊予・土佐街道の五街道だ。

各街道には灯籠や道標などが信徒から寄進され、参詣の便がはかられた。

海路の場合は、金刀比羅宮に近い丸亀港・多度津港と大坂の間を就航した乗合船（金毘羅船という）に乗り込んだ。丸亀・多度津港に着いた後は上陸し、丸亀・多度津街道を経由して金刀比羅宮に向かうことになる。

金毘羅参りは伊勢参りや善光寺参りと並んで、庶民の間でも非常に身近なものであった。となれば、同じ四国の八十八カ所めぐりが関心を持たれるのは時間の問題だろう。金毘羅参りとの相乗効果で、四国遍路はさらに活況を呈した。

ロお遍路道の固定化

お遍路さんが増えていくことで、お遍路道も整備されたが、当初は固定したものではなかった。江戸時代に刊行されたガイドブックをみても、札所から札所への道案内として、通過する村落の名や通行する道の状態、あるいは距離は収録されたものの、具体的な道筋までは記載されていなかった。

その後、真念たちが石で造った道しるべを設置することで、お遍路道は固定していったのである。

お遍路道といっても、お遍路さんだけが通った街道というわけではなかった。もともとは地域の生活道や農道だった。地域の人々が長きにわたって維持管理してきた道が、四国遍路の活性化により、お遍路道としての顔も持つようになる。

もともと地域の生活道や農道であったがゆえに、現在では開発などで消えてしまったお遍路道も少なくないが、一九八〇年代に入ると、建設省（現国土交通省）などが主導してお遍路道をベースにしたハイキングルート「四国のみち」が誕生する。いわば四国遍路の再生であった。

こうして、四国遍路では他の札所めぐりとは異なり、昔ながらの歩き遍路をみかけることが少なくない。ストイックさが求められる巡礼としての歴史が今も再生産されているのである（森正人『四国遍路』中公新書）。

14

オランダ商館長一行は長崎街道で何を見たのか

佐賀県嬉野市　長崎街道　俵坂関所跡

写真：アフロ

長崎街道

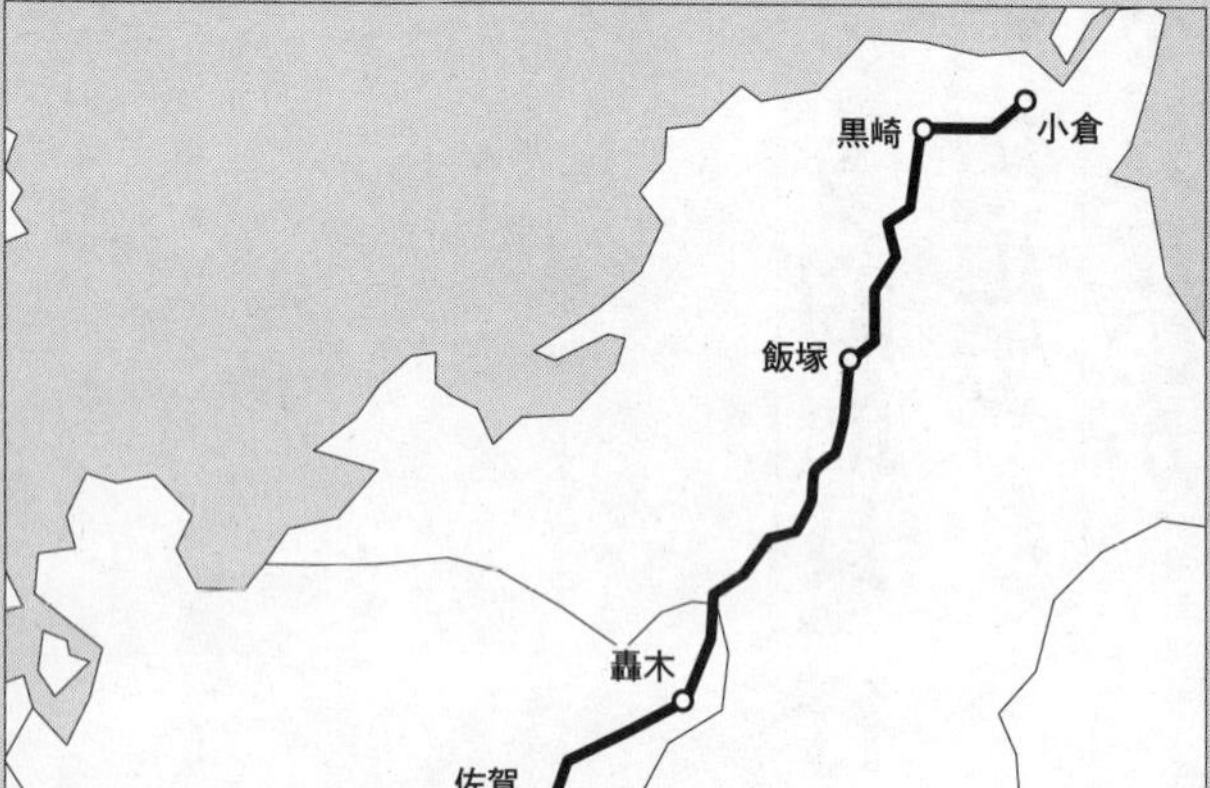

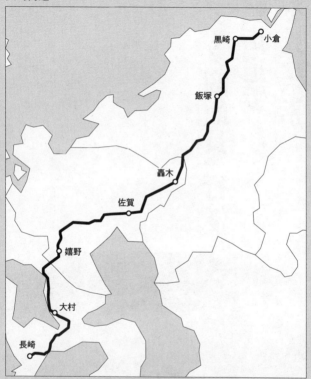

出島に駐在したオランダ商館長は定期的に長崎街道を経て江戸に伺候した

ロ世界へつながる道・長崎街道

原始・古代の時代より、九州は海外交流の窓口であった。そのため、九州各所には外国人が来航する港が設けられたが、江戸時代に入ると、貿易港は長崎に限定される。

港内に造成された埋立地の出島には、西洋諸国のなかで唯一来航を許可したオランダ人が住み、貿易業務に携わった。金銀銅を買い入れる一方、中国産の生糸や絹織物を持ち込んで利益を上げる。

オランダを代表して出島に駐在したオランダ商館長は定期的に江戸に赴き、将軍に拝謁することが義務付けられていた。幕府への忠誠を誓う旅であり、一種の参勤交代に他ならなかった。これを江戸参府という。

当初は長崎から船に乗る行程を取ったが、玄界灘で遭難する危険性を鑑み、小倉までは陸路に変更される。小倉からは船に乗って瀬戸内海を進み、播磨国室津あるいは兵庫の港で上陸した。その後は陸路を取り、大坂や京都を経て東海道を江戸に向かった。帰路は往路と逆コースであった。

小倉・長崎間の街道は長崎街道と呼ばれた。全長約五十七里(約二百二十八キロメートル)で、二十五宿ある。小倉の次の黒崎宿から原田宿までは福岡藩領、次の田代宿は対馬藩領、轟木《とどろき》〜嬉野《うれしの》宿は佐賀藩領、彼杵《そのぎ》〜大村宿は大村藩領、諫早《いさはや》(永昌)〜矢上宿は佐賀藩領、日見宿から長崎までは幕府領だった。

江戸時代、九州の玄関口・小倉から長崎に至る長崎街道は世界へつながる道となるが、オランダ商館長一行が見た日本の姿はどんなものだったのか。商館長に同行した外国人が書き残した紀行文つまりは見聞録を通して、その眼に映った長崎街道をみていこう。

■商館長の江戸参府

江戸参府の出発点・出島での居住を強いられたオランダ人は、江戸から派遣された長崎奉行の支配下に置かれていた。幕府は旗本を長崎奉行に任命して長崎の都市行政を担当させるとともに、貿易の管理や外交交渉にもあたらせた。

奉行から委託される形で行政事務を遂行したのは町人階級に属する町年寄だが、その下に位置する乙名《おとな》が出島に居住して、オランダ人の監視や貿易の監督を行った。乙名の下に組頭などの町役人やオランダ通詞が配属され、各業務にあたった。

出島のオランダ商館には、「カピタン」と呼ばれた商館長、「ヘトル」と呼ばれた次席、台所役、荷倉役、筆者役、医師など十名前後の商館員が常駐した。医師としては、元禄期に駐在して『日本誌』を記したケンペル、文政期に駐在して鳴滝塾を開き蘭学の礎を築いたシーボルトなどがいる。

商館長は一年の任期だが、長崎に着任する際に海外情報を取りまとめて長崎奉行に提出している。いわゆる「オランダ風説書」である。同報告書は長崎のオランダ通詞を通じて翻訳され、江戸に届けられた。幕府は翻訳された「オランダ風説書」を通じて、鎖国していながらも世界情勢を大まかに知ることができた。

オランダ商館長が幕府から課された義務としては、「オランダ風説書」の作成・提出に加え、江戸に参府して江戸城で将軍に拝謁することも挙げられる。貿易を許可されていることへの御礼を申し述べるとともに、その継続や要望を願い出ることが江戸参府の目的だった。

寛永十年（一六三三）より毎年の参府となるが、寛政二年（一七九〇）からは四年に一度に改定される。嘉永三年（一八五〇）まで続いたオランダ商館長による江戸参府は、計百六十六回を数えた。

当初、商館長一行は前年の暮れに長崎を出立し、翌年正月に江戸へ到着したが、寛文元年（一六六一）からは正月の長崎出立に改められた。江戸城で将軍に拝謁するのは三月一日か十五日。長崎に戻るのは五月か六月であった。

商館長には随員として、書記・医師など三〜四人が同行した。オランダ人（ドイツ人などの場合もある）が四〜五人にとどまったのに対し、同行の日本人は多かった。長崎奉行所の役人から任命された正・副の検使、通訳や会計の任にあたる江戸番大通詞と小通詞、町使が二人、書記が二〜三人、料理人が二人、定部屋小使が二人、そのほか日雇頭や宰領頭なども加わったため、総勢五十九人にも達した。商館長一行といっても日本人がほとんどだった。

人数が膨れ上がったのは、将軍やその世継ぎへの献上品のほか、老中や若年寄ら幕閣などへの進物を持参していたことが大きい。荷物を運ぶ人足の数が多くなった分、人数が増えてしまったのだ。献上品は長持、進物は皮籠《かわご》に入れられて運ばれた。長持や皮籠の中身は、主に毛織物・絹織物・綿織物などの反物であった。

ロドイツ人医師ケンペルが見た長崎街道

以下、江戸参府の同行者が書き残した紀行文を通して、その眼に映った長崎街道を取り上げる。一人目はケンペルである。

ケンペルはオランダ人ではなく、ドイツ人の医師だった。当時はオランダ人しか来日できなかったが、商館付の医師としてオランダ人になりすますことで日本の土を踏めた。元禄四年（一六九一）と翌五年（一六九二）の江戸参府にケンペルは同行し、その時の紀行文が残されている（『江戸参府旅行日記』平凡社東洋文庫）。

ケンペルによれば、九州を通過する際、商館長一行に敬意を表するため道筋は掃き清められた。街道は箒《ほうき》で掃かれ、町や村では埃が立たないよう水が撒かれたという。九州を通過するとは長崎・小倉間の道中を進んだということであり、要するに長崎街道での光景を描写したものだった。ただし、長崎街道に限らず、陸路では同様の対応が取られた。

領内を通過する際には、諸大名から次のような接待を受けている。

まず領内に入ると、重臣が歓迎の挨拶を伝えるため出迎えにやってくる。そして、一行が希望する分だけ人馬を提供し、オランダ人警護の人数も出した。一行の先頭には先導役として侍大将が二人付き、領内を出るまで案内したという。

あたかも、マラソンで選手の先頭集団を誘導する白バイ警官のような役割を果たしたのである。道中の間、こうした接待が駅伝リレーのように続いた。

長崎街道の旅を終えると、船で瀬戸内海を進み、兵庫で上陸した。江戸までは陸路となる。商館長一行は各所で手厚い接待を受けたが、行動の自由は厳しく制限された。というよりも、その行動は監視下にあった。

一行に同行した長崎奉行配下の正・副の検使たちは、オランダ人たちの行動を監視する御目付役も兼ねていた。日本人がオランダ人と直接接触することを、幕府当局が嫌ったからである。

江戸に到着すると、商館長は登城して将軍に拝謁する。拝謁が済むと長崎に戻るが、暇乞いの挨拶をする際には再び登城している。列座した老中からは、遵守すべき箇条が書かれた「御条目」を申し渡されることになっていた。

ポルトガル人と通交してはいけない。通交していることが判明すれば、日本への来航は禁止される。ポルトガル人について報告すべきことがあれば報告せよという趣旨だった。島原の乱後に来航を禁じたポルトガルへの警戒心が幕府内ではなお強かったことがうかがえる。

江戸を出立した商館長一行は、東海道を経由して京都に向かった。京都では京都所司代や京都町奉行のもとに出頭し、進物を届けている。将軍への拝謁が無事に済んだことへの御礼だった。出立日には知恩院や清水寺・三十三間堂などの仏閣を見学するのが通例である。京都では、大量の工芸品も御土産にするため購入している。

大坂では大坂城代や大坂町奉行のもとに出頭し、同様に進物を届けた。大坂滞在中は、オランダへの輸出品・棹銅を製造する泉屋の作業場を見物するのが恒例であった。

商館長は長崎に到着すると奉行のもとに出頭し、帰着の御礼を申し述べた。会計処理が済むと、江戸参府は名実ともに終了する（片桐一男『江戸のオランダ人』中公新書）。

ロシーボルトの来日

二人目はシーボルトである。江戸の蘭学の礎を築いたシーボルトも、オランダ商館長一行のメンバーとして長崎と江戸の間を往復した。その際は長崎街道を往復している。

太陽暦でいうと、一七九六年二月十七日（新暦）にシーボルトはドイツのビュルツブルクで生まれた。日本では寛政八年にあたる。

シーボルト家はドイツ医学界の名門であり、祖父も父も叔父も医学の大学教授だった。シーボルトはビュルツブルク大学医学部に入学し、医学のほか、植物、動物、地理、人類の諸学を修めた。卒業後はビュルツブルク近くのハイディングスフェルトで医院を開業する。

だが、地元の開業医で終わりたくなかったシーボルトは、一族の旧友でオランダ国王の侍医ハルパウルの斡旋により、オランダ領東インド陸軍勤務の外科軍医少佐に採用された。一八二三年四月、ジャワ島のバタビアに着任したが、同年つまり文政六年七月には出島のオランダ商館付医師として日本の土を踏む。

当時、オランダは対日貿易振興のため日本の歴史、国土、社会制度、物産などに関する調査を企図していた。日本をもっと知ることで貿易の利益を拡大しようとはかるが、日本では西洋医学への関心が高まっていた。

そこで、シーボルトの持つ医学の知識や技術を伝授することにより、日本人との交流が深まることを望んだ。その裏には、彼らから日本に関する資料や情報を得たい目論見があった。シーボルトは日本調査の任務を帯びて、出島のオランダ商館付医師となったのである。

商館長のバックアップもあり、シーボルトは長崎奉行から様々な特例を与えられた。出島の外で病人を診察すること、薬草を採取すること、翌七年（一八二四）には長崎郊外の鳴滝に医学塾兼診療所を開くことまで許される。

鳴滝塾は木造二階建てで、庭には日本各地で採取した植物が栽培された。シーボルトは出島から鳴滝塾に足繁く通い、西洋医学から自然科学まで日本人に教授した。

シーボルトは西洋医学を教える見返りとして、自分のもとに集まった門弟たちから日本に関する様々な情報を得ている。各自に研究テーマを提示し、オランダ語で論文を提出させた。なかでも植物の標本作成や論文執筆で功績があった者には専門書や外科器具などを贈り、その労をねぎらった。

■江戸に向かったシーボルト

オランダ政府の密命を受けて日本の調査研究を進めたシーボルトだが、出島の外に出られたとはいうものの、その行動範囲は長崎にほぼ限定された。日本の国土や物産に関する調査を深めるには行動範囲をもっと広げる必要があったが、文政九年（一八二六）に絶好のチャンスが訪れる。商館長の江戸参府に同行することになったからだ。その時の紀行文も残されている（『江戸参府紀行』平凡社東洋文庫）。

長崎から小倉までの長崎街道の旅については、一月九日から記述がはじまる。この日、商館長の参府に同行する日本人が出島に集まってきた。商館長はじめ商館側のメンバーは駕籠に乗り、長崎を出発する。シーボルトも駕籠だった。

初日は日本の気候の特徴と雲仙岳の噴火について詳述しているが、シーボルトが途中で徒歩になったことは興味深い。駕籠に乗ったままでは、自然を充分に観察できなかったからだろう。寒暖計で気温を測っていることもわかる。日本の気候を調査しながらの道中であった。佐賀藩領の矢上で昼食をとり、夜は諫早の寺院に泊まっている。

二日目の十日は大村の城下町に向かった。その途中の鈴田村では、茶の木が整然と植えられていることに目を留める。開港後、生糸とともに日本の主力輸出品となる茶には関心が高かったのだ。

大村では太陽の高度を測り、経度を観測した。観測結果によれば、大村の町と城は北緯三十二度五十五分二十七秒、東経百三十度一分に位置したという。大村湾で採れる真珠貝についても詳述しているが、フキにも関心を示す。総じて、道中で目にした植物への関心は非常に強かった。

三日目の十一日は嬉野宿で昼食をとった後、寄り道する形で嬉野温泉を訪れた。この日の記事では、温泉の構造や源泉の化学的な調査結果などが詳述される。宿泊したのは、温泉もあった塚崎であった。

四日目の十二日は牛津宿に向かう前に炭鉱を訪れており、日本の鉱物資源への関心の高さがうかがえる。牛津で昼食をとった後、一行は佐賀城下に入った。緯度や経度を測って、北緯三十三度十五分、東経百三十度十八分という数字を得ている。

藩主鍋島家のお膝元である佐賀の町については、「おそらく九州で最も立派な人口の多い都会」と評したが、物流の拠点としても注目する。福岡と結ばれていたことに加え、島原湾と玄海灘を結ぶ位置にあり、おのずから貨物の集散地となって九州の商業に大きな力を持ったと評価したのだ。その日は神崎の寺院で泊まった。

五日目の十三日の記述では、国内有数の大河で筑紫次郎の異名を持つ筑後川流域の農業を取り上げる。筑後川がもたらした肥沃な筑紫平野での二毛作に注目したが、傾斜地や高地に植えられたハゼノキにも関心を寄せる。その実から蠟を取って蠟燭としたわけだが、「最近では蠟がジャワやヨーロッパへの輸出品になっていた」という。

現在の長崎・佐賀県から構成される肥前国《ひぜんのくに》は良質の陶土の産地として知られた。陶器も同じく日本からの輸出品となっていたため、陶土の記述もある。宿泊した山家《やまえ》では、福岡藩主黒田家の別荘を宿所とした。

六日目の十四日は、山道を進んだ。難儀な道中となったが、シーボルトからすると、山岳地帯に生い茂る日本の植物を直接観察できる貴重な機会となった。飯塚付近で山道は終わり、肥沃な水田が広がる平野に出ている。飯塚で昼食をとり、夜が更けてから宿泊地の木屋瀬に到着した。

七日目の十五日は小倉に向かった。小倉の城下に入ると、藩主小笠原家からの使者が出迎えにやって来た。その日は小倉で泊まった。翌十六日は小倉から船に乗り、下関へ向かっている。長崎街道の旅は終わったが、江戸からの帰途で再び長崎街道を通ることになる。

ロ日本を調査研究し国外追放となる

シーボルトにとり、長崎街道の旅とは日本の自然や産業に触れる貴重な機会となった。そうした事情は以後の道中でも同じだったことは、『江戸参府紀行』を読めば一目瞭然である。見聞した日本の自然や産業に関する詳細な記述からは、貴重な機会に心躍らせるシーボルトの姿が浮かび上がってくる。

海路で下関に渡った商館長一行は、いったん上陸して数日滞在している。一月二十四日、船に再び乗り込んで室津に向かった。二十八日早朝、室津に上陸し、二日後の二月一日から陸路の旅がはじまる。江戸に到着したのは三月四日のことであった。

江戸滞在は一カ月余に及んだ。その間、商館長一行の宿所に指定された長崎屋には、海外事情に関心を持つ諸大名や幕府の役人、そして医師・学者に至るまで、縁故を活用して訪れている。直接、オランダ人と接触できる貴重な機会を逃すまいとしたのだ。幕府はオランダ人と直接接触することは嫌っていたが、江戸では大目にみたことがわかる。

シーボルトのもとにも蘭方医たちがひっきりなしに訪れている。シーボルトの長期滞在を望む動きもあったが、結局は商館長とともに長崎に戻ることになった。四月十一日に江戸を出立し、帰途に就く。帰路は行きと逆コースだったが、帰りは室津ではなく兵庫から船に乗っている。長崎街道を経由し、六月三日に出島へ戻った。

文政十一年（一八二八）にはオランダ商館付医師としての任期が切れたため、シーボルトは日本を去ることになる。ところが、帰国の折に持ち帰る荷物の中に、持ち出しが厳禁された日本地図などがあったことが露見する。関係者は厳しい取り調べを受け、翌年にシーボルトは国外追放となった。いわゆるシーボルト事件だ。

帰国後、シーボルトは日本に関する調査研究をもとに、大著『日本』を出版した。同書は西洋における日本研究の基礎となるが、『日本』第二版の方に収録された「江戸参府紀行」には、当時の長崎街道に関する貴重な情報が豊富に詰まっていたのである。

15

武士の旅日記に国内の主要街道はどう書かれていたのか

島田宿大井川川越遺跡の川合所　静岡県　島田市　写真：アフロ

江戸時代、全国に張り巡らされた主な街道

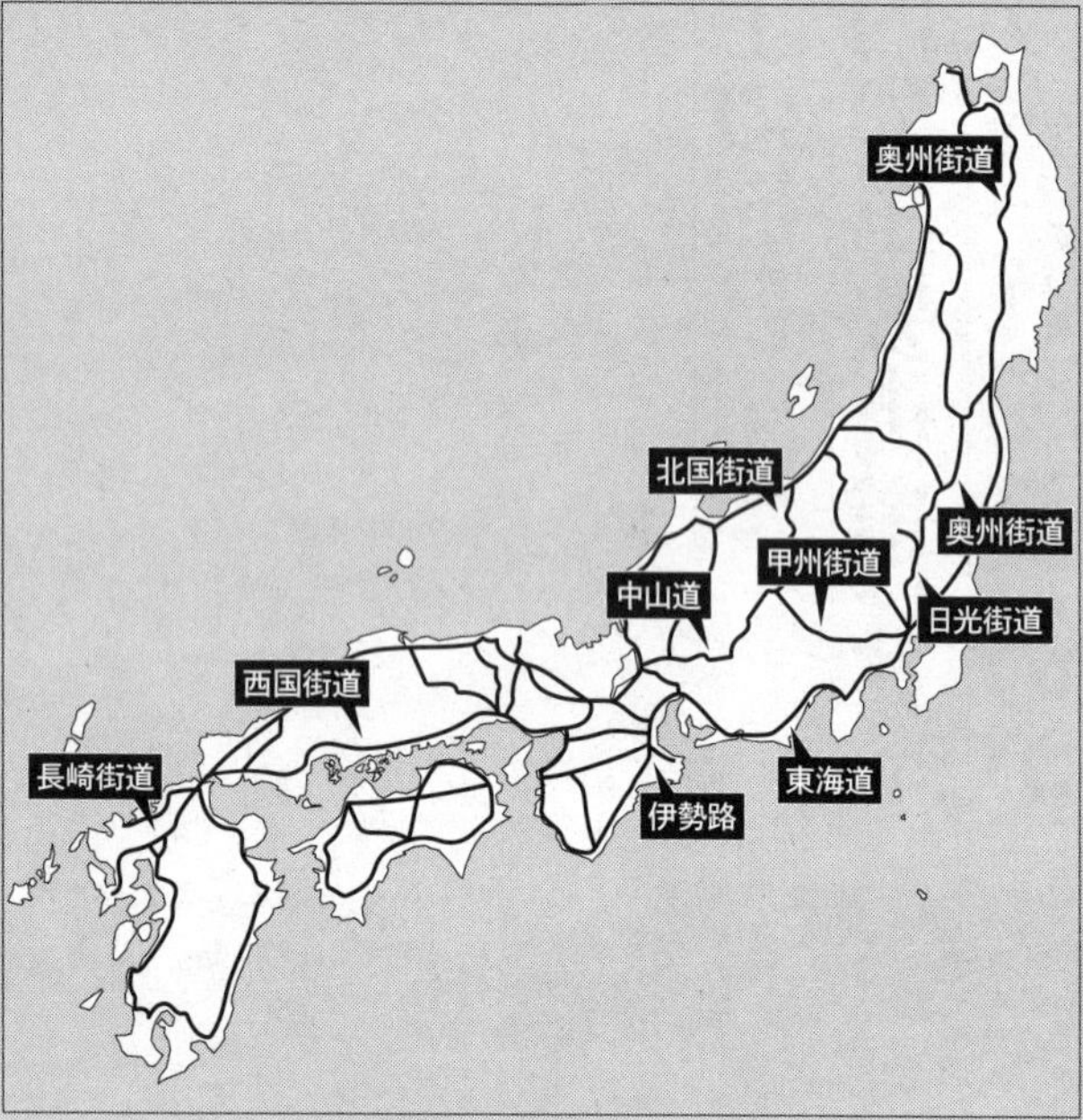

ロ旅を楽しむことはできなかった武士たち

日本の歴史において、街道を行く人が格段に増えたのは泰平の世として知られる江戸時代だろう。元禄三年（一六九〇）から二年間にわたって長崎出島のオランダ商館に駐在し、長崎街道経由で江戸も二度訪れたドイツ人医師のケンペルは、「この国の街道には毎日信じられないほどの人間がおり、二、三の季節には住民の多いヨーロッパの都市の街路と同じくらいの人が街道に溢れている」と証言している。

ケンペルは、その理由を二つ挙げる。ひとつは日本の人口が多いこと、もうひとつは日本人が非常によく旅行していることである（前掲『江戸参府旅行日記』）。江戸時代の日本は、まさしく現代に通じる旅行大国だった。

江戸中期以降、日本の人口は約三千万人台を推移したと推定されている。そのうち支配階級たる武士の人口は約百五十万人で、全人口の五％を占めるにすぎない。大半は支配される側の庶民であり、庶民も国内旅行を謳歌できたことで、毎日信じられないほどの人間が街道にいたことになる。ケンペルが訪日した元禄期は、江戸最初の旅行ブームが到来した時代でもあった。

プライベートで旅行を楽しめるようになっていた庶民とは対照的に、主君を持つ武士の場合、参勤交代の御供といった公務は別として、プライベートな旅行は事実上無理だった。隠居の身ならばともかく、家督を継いでいる身で、庶民のように一カ月にも及ぶ長期旅行など夢のまた夢であった。

しかし、幕末に入って泰平の世が過去のものになると、時勢への痛烈な危機感から、藩当局の許可を得たうえで諸国を旅する藩士が増えてくる。諸国を見聞つまりは視察してまわることで、幕府や諸藩の動向を探ろうとした。諸国の視察には自分の見識が高まるメリットもあった。

先の見えない混沌とした時代に突入したことから、藩としても進むべき指針を求めて情報収集に力を入れていた。よって、藩士が領外に出て諸国を旅することを許し、見聞の成果を藩政に活かそうとしたのである。

武士にせよ庶民にせよ、道中日記を残す事例は少なくない。そんなリアルタイムの旅日記は街道の実態を後世に伝える貴重な史料であった。物見遊山の旅ではなかった分、幕末の藩士の旅日記からは実態を正確に把握しようという強い意思がうかがえる。

以下、幕末の日本を旅した藩士の日記を通して、その眼に映った街道の光景を紹介する。具体的には、戊辰戦争で薩摩・長州藩を苦しめた越後長岡藩の家老として名を残した河井継之助《つぐのすけ》の旅日記『塵壺』（平凡社東洋文庫）を読み解いていく。

◘江戸末期を生きた武士、河井継之助

文政十年（一八二七）、継之助は長岡藩士河井代右衛門の長男として長岡城下に生まれた。河井家の家禄は百二十石で藩士としては中級クラスだが、父代右衛門は勘定頭など藩の経済官僚として累進した人物であった。継之助も理財の道に通じることを目指し、勉学に励んだ。

長岡藩は七万四千石の小藩だが、藩主牧野家の祖先は徳川十七将の一人として家康の天下取りを支えた武将である。そのため、譜代大名として老中など幕府の要職に就ける家柄を誇った。継之助の主君となる藩主牧野忠恭《ただゆき》も幕末の多難な時期に老中まで登りつめ、幕政に重きをなしている。

当時、諸藩は藩校を設立するのが習いだった。大名という家を維持するには優秀な家臣団を育成することが不可欠であり、諸藩は総じて藩士の子弟教育に力を入れる。藩校を建設して子弟を学ばせることで、主君に忠誠を誓う有能な家臣を育てようとした。

長岡藩では、文化五年（一八〇八）に藩校崇徳館《そうとくかん》が設立されている。天保十二年（一八四一）、継之助は崇徳館に入った。

長岡藩に限らず、藩校で優秀な成績を上げた藩士には江戸での勉学が許可された。これを江戸遊学と称した。江戸で塾を開く高名な学者の門を叩き、スキルアップを目指したのである。幕府の学問所である昌平黌《しょうへいこう》への通学を許される者もいた。有為の幕臣や藩士との交流を深めることで、藩内では得られない人脈が培えるメリットが江戸遊学にはあった。

長岡藩に有用な人物となることを誓っていた継之助も江戸遊学を熱望したが、藩の許可はなかなか下りなかった。念願の江戸遊学が許されたのは、ペリー来航の前年にあたる嘉永五年（一八五二）のことだった。

継之助が門を叩いたのは、儒学者で昌平黌の教官を務める古賀謹一郎の私塾久敬舎《きゅうけいしゃ》である。軍学者として知られた信濃松代藩士佐久間象山の砲術塾にも入っている。

約一年の江戸遊学を終えると長岡に戻ったが、藩の役職に就いたのは翌六年（一八五三）六月のペリー来航後であった。御目付格評定方随役に抜擢されて藩政へのデビューを果たすが、その言動が藩内の反発を買い、日ならずして辞職に追い込まれる。安政二年（一八五五）秋には次期藩主牧野忠恭への御進講役を拒否したことで、譴責処分を受けてしまう。

同四年（一八五七）に継之助は河井家の家督を継ぐが、五年（一八五八）秋に外様吟味役に抜擢され、領内の宮路村で起きた騒動を見事解決する。この実績が評価されて再度の遊学が許された継之助は、六年（一八五九）正月六日に江戸へ入った。

継之助が江戸再遊学を切望したのは、備中松山藩の藩政改革に成功した陽明学者山田方谷《ほうこく》の門を叩こうと考えたからである。その奥義を学び、いつの日か長岡藩の藩政改革に役立てたいと願った。当時、長岡藩は極度の財政難に喘いでいた。

同様に松山藩も莫大な借財に苦しんでいたが、藩主板倉勝静《かつきよ》が方谷を起用して藩政改革にあたらせたことで財政危機を脱する。藩財政が黒字に転換しただけでなく、莫大な余剰金も得たため、方谷の雷名は天下に轟いた。その教えを請う者も後を絶たなかったが、継之助も方谷から藩政（財政）改革の奥義を学び取りたいと考えたのである。

板倉家は牧野家と同じく幕府の要職に就ける譜代大名であり、当時勝静は寺社奉行として江戸にいた。方谷は主君を補佐するため、同年三月に江戸へ出府することになったが、その情報を事前に聞き付けた継之助は喜ぶ。遠路はるばる松山まで赴かなくとも、江戸に行けば方谷の教えに接することができるというわけだ。

ところが、折しも大老井伊直弼による安政の大獄が進行中だった。勝静は関係者の吟味にあたっていたが、寛大な処置を主張したことで直弼の不興を買う。同年二月二日、寺社奉行の辞職を余儀なくされたため、方谷の江戸出府も急遽取り止めとなる。思わぬ事態に失望した継之助だが、方谷の門を叩きたい意思は強かった。松山まで赴くことを決意し、何とか藩の許可も取り付ける。

■東海道を行く

安政六年六月七日、三十三歳になっていた継之助は江戸を出立し、備中松山を目指した。今回の江戸遊学は中国地方から四国・九州にまで足を延ばす旅へと発展する。旅の期間は一年近くにも及んだが、方谷の教えを受けるためだけの旅ではなかった。諸国も視察していることは、『塵壺』を読めば一目瞭然である。

まずは東海道を西に向かった継之助だが、その門出を見送る形で、藩士の花輪馨之《けいの》進《しん》ら三人が同行している。翌八日からは一人旅となるが、一路松山を目指したのではない。寄り道しながら各地を見てまわっている。

七日の午後二時頃、継之助たち四名は東海道神奈川宿に着いた。そして東海道から寄り道する形で、五日前の同二日に開港したばかりの横浜に向かった。横浜開港に合わせ、東海道と横浜を結ぶ横浜道と称された新道が造成されており、継之助たちは横浜道を経由して開港場を見物している。

江戸にも近かった横浜が開港を機に貿易都市として大発展を遂げることは、その後の歴史が証明している。だが、この時はまだ開港したばかりで、貿易ははかばかしくないと継之助はみていた。貿易が経済に与える影響を慎重に見極めようとする姿が、『塵壺』からはみえてくる。

横浜を見物した後は東海道つまり神奈川宿に戻ったが、その後も寄り道しながら東海道を西に向かった。東海道を離れて人気観光地の鎌倉や江の島を見物しており、普段はとてもできなかったことを楽しんだ。

十一日、継之助は難所の箱根峠を越えて伊豆に入った。この日の記事では、江戸に送られる天城産の炭が十万俵にも及んだ話。翌十二日の記事では、駿河や甲斐から大量の紙・煙草・炭・材木が江戸に送られていた話が収録されている。継之助は行く先々で情報を収集したが、とりわけ街道を通じた物流への関心の高さが『塵壺』からは読み取れる。

十五日には、大井川手前の宿場・島田宿に泊まった。継之助は運よく一泊で済んだものの、この頃大井川は十日ほど川留めとなっていた。そのため、島田宿には足留めを食った大勢の旅人がいた。

参勤交代の大名にせよ、一般の旅人にせよ、川留めは迷惑この上ないことであった。予定の変更を強いられるだけでなく、川の手前の宿場で足留めを食うことで宿泊費が嵩むのが悩みの種だったが、そのぶん宿場にはお金が落ちた。大井川の場合は、東海道島田宿と金谷宿がその恩恵を享受した。

よって、大井川をはじめ架橋されていない河川が多い東海道の通行は忌避され、かたや河川が少なかった中山道の通行を選択する大名や庶民は多かった。継之助は川留めのため足留めを強いられた大勢の旅人の姿を見て、東海道の通行が忌避された理由を、身をもって理解することになる。

道路の状態は良かったものの、宿場の家作は非常に悪かったと『塵壺』に書き留めている。東海道は通行量が少なかったため活気がなく、いきおい宿場の家作にも反映されたというわけである。

東海道には海上を進むルートがあり、熱田神宮門前の宮宿から伊勢桑名宿までは船で渡ることになっていた。いわゆる七里の渡しだ。

伊勢に入った継之助は途中、東海道から寄り道する形で伊勢神宮に向かった。伊勢参宮を終えると再び東海道に戻り、二十八日には三条大橋を渡って入京を遂げている。

ロ西国街道を行く

継之助は京都に数日滞在し、寺社めぐりを楽しんだ。そして、七月四日に京都を出て、伏見から淀川経由で大坂に向かった。夜船に乗ったため、翌五日午前六時頃に船は大坂に着いた。大坂でも数日滞在している。

九日に大坂を出立し、西国街道に道を取ったが、東海道の時と同じく、寄り道をしながらの道中だった。なかでも、塩の産地として知られた播磨の赤穂では製塩の現場を熱心に見学している。

継之助がお手本にしようとしていた松山藩では、方谷が藩の物産を取り扱う部局として撫育方《ぶいくかた》を新設するとともに、別に産物方を設置して販売にあたらせることで巨利を得た。領民に鉄製の鍬・鎌などの農具や刃物、釘、あるいは煙草を大量生産させ、藩みずから販売にあたったのである。

この収益事業は松山藩を大いに潤し、財政再建が成功する最大の理由となる。松山藩に限らず、産業振興は藩財政再建の切り札となっており、継之助も産業への関心は高かった。だからこそ、赤穂では製塩の現場にまで入ったのである。

継之助が松山に到着したのは七月十六日のことだが、方谷は城下から十五キロほど離れた郷里の西方村で生活していた。当時、下級藩士の土着を推進する方谷は郷里に居を移し、率先して開墾作業に従事することでその模範になろうとしたのだ。

翌十七日、継之助は西方村に方谷を訪ねて弟子入りを懇願する。だが、方谷は多忙で学問を教える時間などなかったため断っている。方谷は継之助より二十二歳年上で、父と子ぐらいの年の開きがあった。

しかし、継之助は学問ではなく、方谷の藩政改革の手法について学ぶことを熱望していた。いつの日か、財政難に苦しむ長岡藩の藩政改革に取り組みたいという気持ちを伝えたところ、方谷も継之助の志を諒とした。

初対面の日より、方谷の言葉から藩政改革の極意を学び取る日々がはじまる。その仕事ぶりを観察しながら、人伝に聞いていた方谷の藩政改革の本質を見抜いていくことになる。

ところが、継之助が松山での生活に慣れた頃、方谷に江戸出府の藩命が下る。九月二十日に松山を出立した方谷が帰国したのは、十一月二十八日のことである。

そのため、継之助は方谷不在の間に四国や九州へ足を延ばすことを決める。これを逆に好機として、見識をさらに高めようとした。

ロ九州を行く

松山から西国街道に出た継之助は、九月十八日に備中玉島から船で讃岐丸亀に渡った。「讃岐のこんぴらさん」こと金刀比羅宮に参詣するためである。金毘羅参りを終えると讃岐の多度津から船に乗り、備後の三原に上陸している。そして、西国街道を西に進んだ。

二十六日、継之助は周防岩国の城下に入った。岩国藩は長州藩の分家吉川家が藩主を務めたが、六万石の小藩ながら領内は富んでいた。その後は防府、長府、下関と長州藩領を歩いたが、なかでも天満宮も鎮座する防府の繁栄ぶりには目を見張っている。

晦日には、下関から船で壇ノ浦を渡って豊前に上陸した。そのまま小倉へ向かったが、日本海から瀬戸内海に入るため下関に入船してくる夥しい数の船を見て、継之助は驚きを隠せなかった。

長州藩は北前船の寄港地として繁栄した下関に越荷方を置き、北前船相手に金融業や委託販売業、倉庫業を手広く展開することで巨利を得た。藩財政の再建を志す継之助にとっては、長州藩もモデルのひとつだったかもしれない。この日の『塵壺』の記事からは、物流への関心の高さが改めてうかがえる。

九州に上陸した目的は二つあった。ひとつは唯一の貿易港だった長崎を見聞することであり、十月五日から十七日まで滞在している。国際情勢を知るための長期滞在だったが、長崎逗留中は出島のオランダ商館や長崎郊外の唐人屋敷を見学している。唐人屋敷とは貿易のため長崎にやって来た中国商人の居留地のことである。

もうひとつの目的は、九州雄藩の施政を探ることだった。小倉のほか、福岡、佐賀、熊本、久留米などの各城下を見てまわり、領内の状況を注意深く観察している。薩摩藩領にも入ろうと計画していたが、結局は断念する。その確たる理由はわからないが、薩摩藩が他国者《よそもの》の入国には非常に厳しかったことは大きかっただろう。

長崎街道を経由して小倉に戻ってきた継之助は、松山に戻るため、海路で備後鞆津《ともつ》港に向かった。鞆津で上陸した継之助は、十一月三日に松山に着いている。しばらくして方谷も帰国したため、方谷の教えを受ける日々が再びはじまる。

『塵壺』の記述は十二月二十二日で終わっているが、継之助が方谷のもとを去って江戸に向かったのは翌安政七年（一八六〇）三月のことだった。

長旅を終えて江戸そして長岡に戻った継之助だが、その後、藩からは声がかからず、雌伏の時代が続いた。しかし、慶応元年（一八六五）に至って藩主の忠恭に抜擢され、藩政改革の前面に立つことになった。郡奉行や町奉行などを歴任し、破綻状態にあった長岡藩の財政再建に成功する。

山田方谷に教えを請うための旅の成果が、ようやく実を結んだのだ。財政再建の成功により忠恭からの絶大な信任を勝ち取った継之助は、同四年（一八六八）の戊辰戦争時には家老に抜擢される。その名を天下に轟かせるのである（安藤優一郎『河井継之助　近代日本を先取りした改革者』日本経済新聞出版）。

本書は書き下ろしです。

日経ビジネス人文庫

15の街道《かいどう》からよむ日本史《にほんし》

2023年12月1日 第1刷発行
2024年 2 月1日 第2刷

著者
安藤優一郎
あんどう・ゆういちろう

発行者
國分正哉

発行
株式会社日経BP
日本経済新聞出版

発売
株式会社日経BPマーケティング
〒105-8308 東京都港区虎ノ門4-3-12

ブックデザイン
鈴木成一デザイン室
ニマユマ

本文DTP
マーリンクレイン

印刷・製本
中央精版印刷

©Yuichiro Ando, 2023
Printed in Japan ISBN978-4-296-11743-7
本書の無断複写・複製（コピー等）は
著作権法上の例外を除き、禁じられています。
購入者以外の第三者による電子データ化および電子書籍化は、
私的使用を含め一切認められておりません。
本書籍に関するお問い合わせ、ご連絡は下記にて承ります。
https://nkbp.jp/booksQA

nbb 好評既刊

西郷どんの真実
安藤優一郎
将たる器を備えたヒーローか、それとも毀誉褒貶の激しい激情家なのか？　謎に満ちた西郷隆盛の知られざる人物像に迫る。

賊軍の将・家康
安藤優一郎
毛利輝元の野心が徳川一強を生み出した――合戦当日までの諸将の思惑と動きを精緻に追うことで、関ヶ原の戦いの知られざる実像を解き明かす。

30の神社からよむ日本史
安藤優一郎
神代から近代まで多くの逸話が眠る神社。鳥居の向こう側に隠された歴史の真実とは――。参拝、御朱印集めがもっと楽しくなる一冊！

30の名城からよむ日本史
安藤優一郎
なぜ、そこに城が築かれたのか――。北は五稜郭、南は首里城まで、30の名城の秘された歴史を探る。読めばお城を訪れたくなる一冊！

30の戦いからよむ日本史　上・下
小和田哲男＝監修
造事務所＝編著
体制や社会構造の変革期には必ず戦いが起こっている。読むだけで歴史の転機と流れがよく分かる『30の戦いからよむ世界史』の日本史版。

nbb 好評既刊

30の発明からよむ日本史
池内 了＝監修
造事務所＝編著
日本は創造と工夫の国だった！　縄文土器、畳、醤油から、カラオケ、胃カメラ、青色発光ダイオードまで、30のモノとコトでたどる面白日本史。

30の発明からよむ世界史
池内 了＝監修
造事務所＝編著
酒、文字、車輪、飛行機、半導体……私たちの身の回りのものにはすべて歴史がある。原始から現代までを30のモノでたどる面白世界史。

30の都市からよむ日本史
金田章裕＝監修
造事務所＝編著
仙台が「杜の都」になった理由、紙幣も発行していた今井、京と並ぶ文化都市だった山口―。30の街の歴史でたどる面白日本史。

30の都市からよむ世界史
神野正史＝監修
造事務所＝編著
「世界の中心」はなぜ変わっていったのか？　バビロンからニューヨークまで古今東西30の都市を「栄えた年代順」にたどる面白世界史。

徳川軍団に学ぶ組織論
小和田哲男＝監修
造事務所＝編著
家康に天下を獲らせ、幕藩体制300年の礎を築いた徳川家臣団とはいかなる組織だったのか。知将・猛将たちのエピソードから学ぶ。

nbb 好評既刊

渋沢栄一
人生とお金の教室
香取俊介
田中 渉
さあ、人生と富の話をしよう！ 実業家・渋沢栄一の直弟子となり夢を掴んだ少年のドラマから学ぶ、渋沢流マネジメント思考のエッセンス。

気候で読む日本史
田家 康
寒冷化や干ばつが引き起こす飢饉、疫病、戦争――。律令時代から近代まで、日本人が異常気象にどう立ち向かってきたかを描く異色作。

気候文明史
田家 康
地球温暖化は長い人類史の一コマにすぎない。氷河期から21世紀まで、8万年にわたる気候変化と人類の闘いを解明する文明史。

世界史を変えた異常気象
田家 康
インカ帝国滅亡、インド大飢饉、スターリングラードのドイツ敗北――。予想外の異常気象がいかに世界を変えたかを描く歴史科学読み物。

戦争と外交の世界史
出口治明
抗争、分裂、外圧――。人々はこの難題をどう解決してきたのか。戦争回避に向け世界を動かした交渉の攻防史を博覧強記の著者が語る。